Martin Schempp

BIKER WEEKENDS DEUTSCHLAND

Biker Betten
Motorrad Reisebuch

Unterwegs auf Insidertouren der Bikerwirte

Martin Schemp ist seit 30 Jahren Motorradjournalist.

Jedes Jahr erstellt der Allgemeine Deutsche Automobilclub, der ADAC, Statistiken über das Reiseverhalten seiner knapp 20 Millionen Mitglieder. Und jedes Jahr bestätigen diese Statistiken zwei seit Jahren anhaltende – und sich noch verstärkende – Trends. Nummer Eins: Deutschland wird als Reiseland immer attraktiver. 36 Prozent seiner Mitglieder verbringen laut ADAC derzeit ihren Autourlaub in Deutschland. Abgeschlagen folgen auf den Plätzen zwei und drei Italien mit 18 und Kroatien mit 6 Prozent. Nachdem ein Urlaub in der Heimat jahrzehntelang als langweilig, spießig und völlig uncool galt, liegt er also seit einiger Zeit wieder im Trend. Wieso? Wohl, weil es sich herumgesprochen hat, dass Deutschland eine landschaftliche und kulturelle Vielfalt zu bieten hat wie kaum ein anderes europäisches Land. Hier Sandstrände und Tiefebenen, dort Mittelgebirge und Hochalpen. Hier norddeutsche Backsteinarchitektur, dort süddeutscher Barock. Hier hanseatische Zurückhaltung, dort rheinischer Frohsinn.

Laut Trend Nummer Zwei wird die Dauer des Urlaubs immer kürzer. War in der Nachkriegszeit der drei- oder vierwöchige Urlaub einmal pro Jahr die Regel, so verreist man heute kürzer – dafür aber auch öfter. Die Gründe: Erstens ist es in unserer stress- und temporeichen Arbeitswelt kaum mehr möglich, so lange am Stück Urlaub zu bekommen. Und zweitens gibt es ja noch so viel zu entdecken.

Mit unserem Reiseführer Biker-Weekends haben wir beiden Trends Rechnung getragen, zwölf deutsche Regionen ausgesucht und für diese jeweils ein Wochenendprogramm zusammengestellt. Das besteht jeweils aus einer Eingewöhnungstour am Freitag, einer Haupttour am Samstag und einer sonntäglichen Abschlussrunde. Drei Tage, drei Touren. Dreh- und Angelpunkt ist ein motorradfreundliches Hotel, in dem der Ausdruck „motorradfreundlich" nicht nur auf dem Papier steht, sondern gelebt wird. Alle Wirte sind selbst begeisterte Biker und versuchen, ihren motorradfahrenden Gästen den Aufenthalt so angenehm wie möglich zu machen.

Viel Weekend-Motorradspaß wünscht
Ihnen Martin Schempp

Information

Martin Schempp ist seit 30 Jahren Motorradjounalist. Nach Stationen bei den Zeitschriften Enduro, Motorradfahrer und Tourenfahrer, gründete er 1995 seinen eigenen Verlag: den Highlights-Verlag. Dort erscheinen Motorrad-Reiseführer, -Abenteuerbücher und -Krimis. Martin Schempp lebt mit seiner Frau Sylva Harasim und seinen beiden Hunden in Euskirchen bei Köln.

www.highlights-verlag.de

HJC
BAGS-CONNECTION

Hohe Berge, **tiefe Seen**

Von wegen Deutschland und keine richtigen Berge. Zwar können wir mit den 3000ern der alpinen Nachbarländer nicht mithalten, doch zeigt ein Blick auf die Landkarte, dass etwa im Allgäu durchaus der eine oder andere Alpengipfel an den Wolken kratzt. Der 2657 Meter hohe Krottenkopf beispielsweise. Oder die Mädelengabel mit 2645 Metern. Rund um diese Allgäuer Gipfel lassen sich jede Menge Touren zusammenstellen, die sich in Sachen Serpentinen und Pässe nicht zu verstecken brauchen. Als Stärkung für die Pause empfehlen wir einen der bayerisch-schwäbischen Klassiker: Weißwurst mit süßem Senf und eine ofenfrische Laugenbrezel.

Der 1793 Meter hohe Arlbergpass serviert uns runde und saubere Bögen.

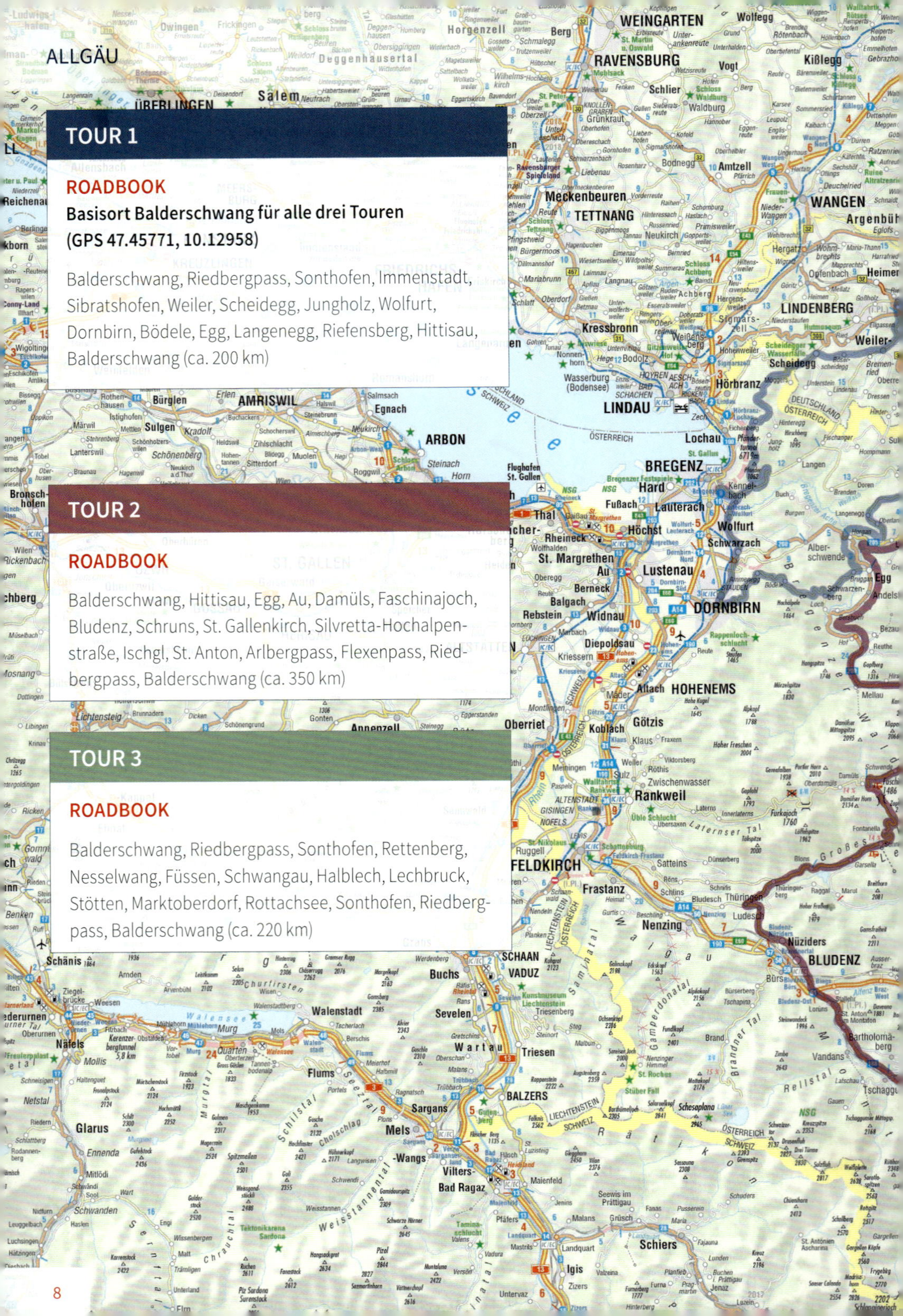

TOUR 1

ROADBOOK

Basisort Balderschwang für alle drei Touren (GPS 47.45771, 10.12958)

Balderschwang, Riedbergpass, Sonthofen, Immenstadt, Sibratshofen, Weiler, Scheidegg, Jungholz, Wolfurt, Dornbirn, Bödele, Egg, Langenegg, Riefensberg, Hittisau, Balderschwang (ca. 200 km)

TOUR 2

ROADBOOK

Balderschwang, Hittisau, Egg, Au, Damüls, Faschinajoch, Bludenz, Schruns, St. Gallenkirch, Silvretta-Hochalpenstraße, Ischgl, St. Anton, Arlbergpass, Flexenpass, Riedbergpass, Balderschwang (ca. 350 km)

TOUR 3

ROADBOOK

Balderschwang, Riedbergpass, Sonthofen, Rettenberg, Nesselwang, Füssen, Schwangau, Halblech, Lechbruck, Stötten, Marktoberdorf, Rottachsee, Sonthofen, Riedbergpass, Balderschwang (ca. 220 km)

Dietmannsried
Haldenwang
Altusried
MARKTOBERDORF
KEMPTEN (Allgäu)
Durach
Buchenberg
ISNY
Waltenhofen
Sulzberg
Weitnau
Oy-Mittelberg
Nesselwang
Seeg
Halblech
Steingaden
Lechbruck
Roßhaupten
Forggensee
FÜSSEN
Schwangau
Pfronten
Rettenberg
Blaichach
Burgberg
IMMENSTADT i.Allgäu
Oberstaufen
SONTHOFEN
Bad Hindelang
Oberjoch-Pass
HOTEL
Riedbergpass
Fischen i.Allgäu
Oberstdorf
Allgäuer Alpen
Naturschutzgebiet
Hochalpen
Mittelberg
Kleines Walsertal
Reutte
Weißenbach
Tannheimer Tal
Elmen
Lechtal
Warth
Lech
Flexenpass
Zürs
Stuben
Arlbergpass 1793
St. Anton am Arlberg
Pettneu am Arlberg
Strengen
LANDECK
Zams
IMST
Tarrenz
Arzl im Pitztal
Kappl
Ischgl
Galtür
Gaschurn
Partenen
Sankt Gallenkirch
Klösterle
Dalaas
Arlbergtunnel 13 980 m
Silvretta
Verwallgruppe
Samnaun
ZOLLFREIE ZONE
Pfunds
Serfaus
Prutz
Ried im Oberinntal
Fließ
ÖSTERREICH SCHWEIZ
ÖSTERREICH DEUTSCHLAND

Im prachtvollen Zentrum Immenstadts reiht sich ein historisches Bauwerk ans ndere.

Kleiner Grenzverkehr

Klarer Fall – wer mit dem Motorrad ins Allgäu fährt, kommt nicht zum gemütlichen Cruisen. Kurven müssen her. Und Pässe. Je mehr desto besser. Deshalb sollte man keine Zeit vertrödeln und sofort am ersten Tag des Allgäu-Wochenendes, dem Freitag, mit dem vollen Programm beginnen: Kurven, Kehren, Schräglagen. Quasi als „Appetizer" für die kommenden beiden Tage. Perfekt dafür eignet sich die Runde diesseits und jenseits der Grenze zwischen Sonthofen und dem Bodensee. Kernige Motorradsträßchen wechseln sich ab mit ruhigen Zwischenetappen, auf denen auch die Kultur nicht zu kurz kommt.

Zeit zum Wachwerden bleibt nicht, denn gleich hinter Balderschwang geht es zur Sache – die Riedbergstraße windet (oder besser gesagt: zackt) sich hinauf bis auf 1420 Meter Höhe. Das gleiche Spiel auf der Abfahrt. Mein lieber Mann, da ist das Frühstück ganz schnell verdaut!

Noch mit klopfendem Herzen rollen wir hinterher durch den Wintersportort Sonthofen, dessen alte Bausubstanz im Zweiten Weltkrieg fast vollständig zerstört wurde, da die dort stationierten Gebirgsjäger ein Dauerziel alliierter Bombenangriffe waren. Von Immenstadt steht glücklicherweise noch fast alles, was beim Durchqueren der alten Tuchmacherstadt gut zu sehen ist: Ein historisches Bauwerk steht am anderen, besonders zu erwähnen sind die Pfarrkirche, das Rathaus und das Stadtschloss.

Glanzstück Immenstadts ist jedoch der Alpsee. Wie ein dunkelblauer Tin-

Das Zentrum von Immenstadt bietet sich für Pausen an.

Der romantische Alpsee bei Immenstadt liegt da wie ein Tintenfleck.

tenfleck taucht er plötzlich auf, Schilf wogt bedächtig am Ufer, das klare Wasser lädt zum Baden ein. Doch uns geht es heute ums Motorradfahren.

TOUREN-STECKBRIEF

STRECKENLÄNGE
ca. 200 km

DAUER DER TOUR
Halbtages- bis Tagestour

HIGHLIGHTS
Bereits der Riedbergpass ist ein Auftakt nach Maß. Glanzstücke Immenstadts sind sein historisches Zentrum und der malerische Alpsee. Die fahrerisch und optisch schönste Etappe führt über den Pfänder. In Dornbirn sollte man auf die Bauwerke der Jahrhundertwende achten, in Egg auf die modernen Holzgebäude.

CHARAKTERISTIK
Mittelschwere Tour, auf der Einsteiger und Könner gleichermaßen ihren Spaß haben. Die Strecke verläuft kurven- und abwechslungsreich über Berg und Tal, genügend Stopps sorgen zwischendurch für Kurzweil und Entspannung.

Eine Handvoll Kurven bergauf, dann windet sich ein schmales Bergsträßchen schräglagengesättigt über Missen, Sibratshofen, Steingaden und Weiler nach Scheidegg. Die „Sonnenterrasse über dem Bodensee" ist laut Deutschem Wetterdienst der sonnenreichste Ort Deutschlands. Entsprechend sonnig und aussichtsreich überschreitet die Route daher zunächst die Grenze nach Österreich und kurvt anschließend dem Pfänder entgegen, dem 1062 Meter hohen Hausberg von Bregenz. Kurven, Kehren, Schräglagen, Ausblicke hinab zum See – das freut die Motorradfahrerseele.

Vorarlbergs Rückrat

Mit 45 000 Einwohnern ist Dornbirn die größte Stadt Vorarlbergs und dessen wirtschaftliches Rückrat. Aus der Zeit der Textilindustrie im 18. Jahrhundert stehen noch immer viele alte

Gebäude wie Unternehmervillen, Arbeitersiedlungen und Fabriken mit ihren strengen, typisch klassizistischen Fassaden. Am Stadtausgang folgen wir dem Schild Bregenzer Wald/Bödele und gelangen auf eine Panorama-/Kurvenstrecke der Extraklasse. Im hoch gelegenen Ort Bödele fordern einige hübsche Cafés die Rast geradezu heraus. Danach folgt die Straße wie eine gekringelte Schnur den Konturen der Berge, serviert uns zünftige Schräglagen und läuft schließlich in Egg ein. Der Ort ist in ganz Österreich wegen seiner zahlreichen modernen Holzhäuser bekannt. Wer sich für Baubiologie und ökologische Architektur interessiert, sollte unbedingt einen Spaziergang durch Egg unternehmen. Danach folgt ein letzter kurvenreicher Schlenker hinüber nach Riefensberg, bevor es zurück nach Balderschwang geht. ◀

Die unzähligen Kurven und Kehren über den Pfänder, den Hausberg von Bregenz, erfreuen die Motorradfahrerseele.

Bei Schnepfau finden sich im Bregenzer Wald immer noch jede Menge einsamer Bergsträßchen.

Tour 2 Tausend Kurven

Sechs Pässe und eine der zünftigsten Passstraßen der Alpen – wie hört sich das an? Vielversprechend. Genau. Wenn das dann alles noch an einem einzigen Fahrtag passiert, ist dem Glück im Motorradsattel keine Grenze gesetzt. Die heutige Samstagstour verbindet mit dem Allgäu und der Silvretta zwei der aufregendsten Alpenregionen und ist die „Signature-Tour" des Wochenendes, wie die Engländer sagen würden.

Pässe vom Allerfeinsten

Erstes Ziel ist der Bregenzer Wald, auf den schnellen Kurven der Straße von Balderschwang nach Egg zügig erreicht. Zu Unrecht steht der Bregenzer Wald im Schatten der höheren Alpenregionen. Sicher, 2000 Meter Höhe sind nicht der Kracher. Aber es kommt darauf an, was man daraus macht. Und da hat der Bregenzer Wald die Nase ganz vorn. Will heißen, seine Passsträßchen sind vom Allerfeinsten. Zum Beispiel die Strecke von Damüls übers Faschinajoch hinüber ins Große Walsertal. Dicht hintereinander hagelt es Kurven, Serpentinen, Kurven, Serpentinen. Kaum Zeit, einen Blick auf das steil an den Fels geklebte Fontanella zu werfen. Was man jedoch sofort bemerkt: Im abgelegenen Großen Walsertal gehen die Uhren langsamer. Hier musste man den sanften Tourismus erst gar nicht erfinden. Was will man auch anderes erwarten von einem Tal, in dem ein Ort Sonntag heißt?

Klein, aber fein, ist das Faschinajoch ein Schmankerl für Könner und Einsteiger.

Über Nüziders laufen wir in Bludenz ein. Die Bezirkshauptstadt liegt verkehrsgünstig am Schnittpunkt von fünf vorarlberger Tälern und war deshalb schon in grauer Vorzeit ein beliebter Siedlungsplatz. Heute ist es vermutlich eher die Suchard-Fabrik, die große und kleine Naschkatzen nach Bludenz lockt (günstiger Werksverkauf).

Die hübsche Bezirkshauptstadt Bludenz war schon in grauer Vorzeit ein beliebter Siedlungsplatz.

Für Genießer

Der breite Talboden des nun folgenden Montafons mit seinen saftig grünen Bergflanken ist vor allem etwas für Genießer. Lang gezogene Kurven, Tempo 70. Orte wie Bartholomäberg kleben wie auf einer Modelleisenbahn an den Hängen, die 2 643 Meter hohe Zimba ragt wie ein Weisheitszahn in den Himmel.

Ab St. Gallenkirch werden die Kurven enger, unmissverständlich kündigt sich eine der großartigsten Routen der Alpen an – die Silvretta-Hochalpenstraße. Fast 16 Kilometer lang ist die Auffahrt zur Bielerhöhe, der Höhenunterschied beträgt satte 1 000 Meter, die Steigung 14 Prozent. Die Kehren sind rund und sauber angelegt. Das Resultat: fun, fun, fun. Auf der Bieler Höhe klappen wir den Seitenständer

Am 1676 Meter hohen Hochtannbergpass erwartet den Schräglagensucher ein wahres Kurvenfestival.

TOUREN-STECKBRIEF

STRECKENLÄNGE
ca. 300 km

DAUER DER TOUR
lange Tagestour

HIGHLIGHTS
Die knackige Bergstrecke durch den Bregenzer Wald, der Suchard-Werksverkauf in Bludenz, die Silvretta-Hochalpenstraße, die Aussicht auf der Bieler Höhe, das hübsche Ischgl, Lech und seine Straßencafés, die Alpenidylle im Tannheimer Tal, die kurvenreiche Abfahrt vom Oberjochpass.

CHARAKTERISTIK
Schwere Tour, lang, anstrengend und der Traum eines jeden Motorradfahrers. So viele Kurven und Kehren an einem Tag sind in den Alpen nicht oft anzutreffen. Einsteiger müssen eine Serpentine sicher fahren können.

aus und widmen uns dem Panorama des vergletscherten Piz Buin über dem Stausee.

Idyllisches Paznauntal

Zwei Serpentinen leiten den Abschwung ein, danach folgen 40 entspannte Kilometer durch eines der idyllischsten Täler Österreichs: das Paznauntal. Ein kurzer Abstecher nach Ischgl, dann kommt das Ortsschild von Landeck in Sicht. Auch hier lohnt sich der Stopp, zu schön sind Landecks Fußgängerzone und Burg. Weiter Richtung Arlberg. Und aufgepasst, um nicht aus Versehen auf der mehrspurigen Schnellstraße zu landen. In Pettneu wurden früher die Pferde der Post-

kutschen und Fuhrwerke gewechselt, hier erhielten die Reisenden Zeit zum Verschnaufen. Wie wir. Denn kurz darauf zwingen wir die Maschine in die runden und gepflegten Bögen der Arlberg-Ostrampe. Klasse Belag, Kurvengenuss ohne Reue.

Oben am Sattel Blinker rechts und hinein in die tollkühn in den fast senkrechten Fels gesprengten Galerien des Flexenpasses. Welch grandiose Leistung, Ende des 19. Jahrhunderts mit primitiver Technik dem Berg eine solche Trasse abzutrotzen. Wahnsinn! Der Sattel des Flexen ist ein ruppiger Ort, viel Wind, wenig Aussicht. Da eignen sich die reizenden Cafés unten in Lech schon eher für die Pause mit Kaffee und Kuchen.

Typische Lüftlmalerei

In Warth würde es links zum Hochtannbergpass hinauf gehen, wir setzen jedoch den rechten Blinker und biegen ins Tal des Lechs ein. Runde Bögen, weite Radien, Aussichten auf den türkisfarbenen Fluss und die Spitzen der Allgäuer und Lechtaler Alpen. Hübsche Häuser mit bunt bemalten Fassaden stehen an der Straße. Lüftlmalerei nennt sich das. In Weißenbach bringt uns ein Schild mit der Aufschrift Gaichtpass zu einer Handvoll geschmeidiger Serpentinen, die perfekt ausgebaut den kleinen, aber feinen Pass erstürmen. Dahinter tut sich mit dem Tannheimer Tal eine echte Bergidylle auf. Seine Hänge sind bis hoch zu den Bergspitzen mit Almwiesen bewachsen und verwandeln das Tal in einen großen grünen Schlauch.

Jetzt könnte mal wieder die eine oder andere Kehre kommen? Tut sie. Und zwar während der Abfahrt vom Oberjochpass nach Hindelang. Eine fünf Kilometer lange Achterbahn, in der das Wort geradeaus nicht existiert. Einziger Wehrmutstropfen ist das durchgehende Überholverbot. Also gucken, wer vor einem fährt. In Sonthofen biegen wir rechts ab, jagen die Maschine zum Abschluss über den Riedbergpass und rollen geschafft, aber glücklich nach Balderschwang zurück. ◀

Die hübschen Cafés des Wintersportortes Zürs laden zur Kaffeepause ein.

Die Silvretta-Hochalpenstraße begeistert mit ihren traumhaften Panoramen und knackigen Serpentinen (links).

Tour 3

Allgäuer Idyllen

Endlich! Endlich besuchen wir am heutigen Sonntag, König Ludwig. Zwei Tag haben wir darauf gewartet, aber das hat sich gelohnt. Denn die sanften Hügel des Allgäuer Voralpenlandes ergeben zusammen mit den vielen einsamen Landsträßchen, den malerischen Seen und den pittoresken Schlössern ein Gesamtkunstwerk, das man so schnell nicht vergisst. Höhepunkt ist ganz klar der Besuch von Schloss Neuschwanstein, dem deutschesten aller deutschen Bauwerke.

Üblicher Start von Balderschwang über den Riedbergpass nach Sonthofen. Von dort über Burgberg nach Rettenberg. Auf einem verschärften Bergsträßchen umkurven wir den Grünten,

Die Riedbergpassstraße gilt als eine der anspruchsvollsten deutschen Gebirgsstrecken.

den Hausberg Rettenbergs und kommen durch den Wintersportort Kranzegg, von wo die Skilifte hinauf zum Grünten abfahren. In Wertach empfiehlt sich eine Stippvisite bei der „Kleinen Wies". Die traumhafte St. Sebastianus-Kapelle wurde 1763 nach Vorbild der berühmten Wieskirche im nahen Steingaden errichtet und ist ein echtes Kleinod. Vorbei am 1962 aufgestauten Grüntensee gelangen wir nach Nesselwang mit seinen vielen bildhübschen Hausfassaden. Wer hier langsam durchrollt, hat mehr von ihnen.

TOUREN-STECKBRIEF

STRECKENLÄNGE
ca. 220 km

DAUER DER TOUR
Tagestour

HIGHLIGHTS
Das kurvenreiche Bergsträßchen von Rettenberg um den Grünten herum nach Wertach, die bunten Hausfassaden von Nesselwang, die Altstadt von Füssen, Schloss Neuschwanstein, die Wieskirche in Steingaden, das reizende Marktoberndorf, ein Spaziergang am Ufer des Rottachsees.

CHARAKTERISTIK
Leichte Tour. Perfekt für Einsteiger, weil auf ihr keine Spitzkehren lauern. Sie verwöhnt uns mit gut ausgebauten Landsträßchen, harmonischen Kurven und bildhübschen Panoramen.

Reiches Füssen

Erster großer Stopp in Füssen. Bayerns höchst gelegene Stadt (830 Meter) war im Mittelalter ein wichtiger Warenumschlagplatz auf der Handelsroute Augsburg – Oberitalien. Entsprechend reich wurde Füssen, was es dem Besucher noch heute durch seine zahlreichen historischen Gebäude demonstriert. Hauptattraktion von Füssen und Umgebung ist jedoch Schloss

Ein verschärftes Bergsträßchen führt um den Grünten, den Hausberg Rettenbergs, herum.

Dass die urwüchsige Region um Marktoberndorf ein guter Ort zum Leben ist, wussten schon die Römer und Franken.

Fischen gehört zum deutsch-österreichischen Gemeinschaftsprojekt Naturpark Nagelfluhkette.

Neuschwanstein, 1886 fertiggestellt. Das Bike parkt am Alpsee, zu Fuß sind es 20 Minuten hinauf zum Schloss. Und auch wenn man sich ein Anti-Japaner-Spray wünscht, und auch wenn Neuschwanstein absolut jedem Klischee entspricht – es ist einfach eine Wucht und der Besuch ein absolutes Muss. Am besten früh morgens, wenn noch wenig los ist.

Jetzt aber wieder zurück in die unberührte Natur. Auf schmalem Asphalt umkurven wir Forgensee und Bannwaldsee, kommen durch Halblech und Lechbruck, passieren Steingaden (genau: die Wieskirche) und fahren einsam über Land nach Marktoberndorf. Dass diese 750 Meter hoch gelegene Ecke des Ostallgäus ein guter Ort zum Leben ist, wussten schon Kelten und Römer. Die Franken bauten hier einen Königshof, die Fürstbischöfe von Augsburg eine Schlossresidenz.

Landpartie der Route

Anschließend kommt die Landpartie der heutigen Etappe unter die Räder. Sie führt über Wald, Görisried zum Rottachsee. Der erst 1992 aufgestaute See liegt so harmonisch im Allgäuer Voralpenland, dass er den Eindruck erweckt, er sei schon immer da gewesen. Vom Rottachsee ist es nicht mehr weit bis Sonthofen. Dahinter wartet wieder der Riedbergpass, und die Runde ist zu Ende. ◀

HOTEL INFOS

UNSER BASISLAGER

Er redet nicht viel, der Chef des Schwabenhofs. Aber wenn Erich Kohler den Mund aufmacht, dann hat das Hand und Fuß. Nach diesem Motto führt er auch sein Hotel: Kein Schickimicki, sondern ehrliches Interesse am Wohlbefinden des Gastes. Der Service ist überaus freundlich, der Empfang herzlich. Die Zimmer sind mit viel Holz eingerichtet, bieten eine reizvolle Aussicht auf die Allgäuer Berge und einen hohen Wohlfühlfaktor. Ein besonderes Lob gebührt auch der Küchencrew, die Spezialitäten vom Feinsten auf den Tisch zaubert wie zum Beispiel Allgäuer Kässpatzen. Auch wer nicht im Hotelzimmer übernachten möchte, ist bei Erich Kohler willkommen – nur 50 Meter vom Hotel entfernt liegt in idyllischer Umgebung sein eigener Wohnmobilstellplatz. Mit Wohnmobil und dem Bike auf dem Hänger anzureisen, ist also kein Problem.

Als waschechter Allgäuer fährt Erich nicht nur Ski, sondern natürlich auch Motorrad, genauer gesagt eine Triumph. Kein Wunder, bei diesen Strecken vor der Haustür. Der Bikergast darf deshalb darauf bauen, dass ihm der Chef seine besten Tourentipps verrät, sogar persönlich zeigt und darüber hinaus Standards wie Trockenraum, Garage, Schrauberecke und Tourenkarten bereithält.

SPEZIELL FÜR MOTORRADFAHRER

zugeschnitten sind verschiedene Angebote, egal ob man alleine, zu zweit oder in der Gruppe kommt. Für Durchreisende gibt es eine Übernachtung mit Frühstück ab 39,00 Euro pro Person, Halbpension ab 59,00 Euro. Die Bikerwoche mit sieben Übernachtungen, Frühstück und Halbpension kostet 369,00 Euro pro Person. Auf Gruppen von 10 bis 24 Personen wartet ein Freiplatz, über 25 Personen bekommen zwei Plätze gratis.

HOTEL

Hotel Schwabenhof
Schwabenhof 23, 87538 Balderschwang,
T (0 83 28) 92 40 60
www.schwabenhof.com
GPS 47.45771, 10.12958

Eine glasklare **Angelegenheit**

Bedingt durch die Randlage an der Grenze zu Tschechien, war der Bayerische Wald lange Zeit etwas rückständig. Da kam im Mittelalter die Herstellung von Glas gerade recht. Noch heute stammt das dazu benötigte Quarz direkt aus dem Bayerischen Wald. Wer Freude an kunstvollen Glasgegenständen hat, der sollte unbedingt die zahlreichen Glasbläsereien in Bodenmais, Zwiesel, Spiegelau und Frauenau besuchen. Fürs Motorradfahren ist der dünn besiedelte Bayerische Wald wie geschaffen: Kräftige Höhenunterschiede produzieren Kurver am laufenden Band, die schmalen Sträßchen hat man meist für sich alleine.

Ein Tunnel aus Laub führt nach Bayerisch Eisenstein, dessen Gegenstück als Zelezna Ruda auf der tschechischen Seite der Grenze liegt.

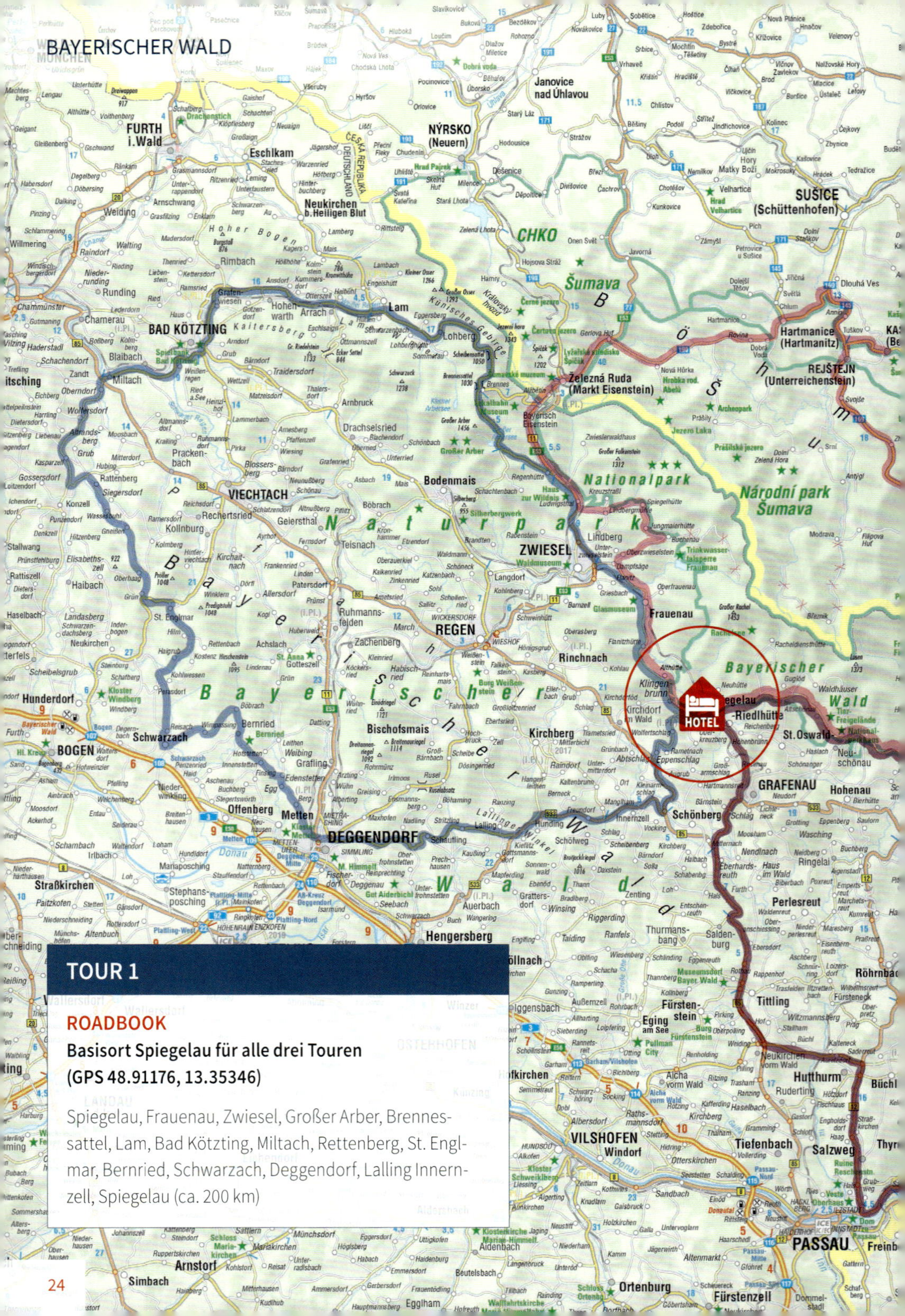

TOUR 1

ROADBOOK

Basisort Spiegelau für alle drei Touren (GPS 48.91176, 13.35346)

Spiegelau, Frauenau, Zwiesel, Großer Arber, Brennessattel, Lam, Bad Kötzting, Miltach, Rettenberg, St. Englmar, Bernried, Schwarzach, Deggendorf, Lalling Innernzell, Spiegelau (ca. 200 km)

TOUR 3

ROADBOOK

Spiegelau, Neuschönau, Mauth, Philippsreut, Rasnice, Kvilda, Rejštejn, Hartmanice, Železná Ruda, Bayerisch Eisenstein, Jungmaierhütte, Frauenau, Spiegelau (ca. 160 km)

TOUR 2

ROADBOOK

Spiegelau, Grafenau, Tittling, Passau, Obernzell, Wegscheid, Rohrbach, Bad Leonfelden, Vyšší Brod, Frymburk, Horní Planá, Volary, Philippsreut, Mauth, St. Oswald, Spiegelau (ca. 280 km)

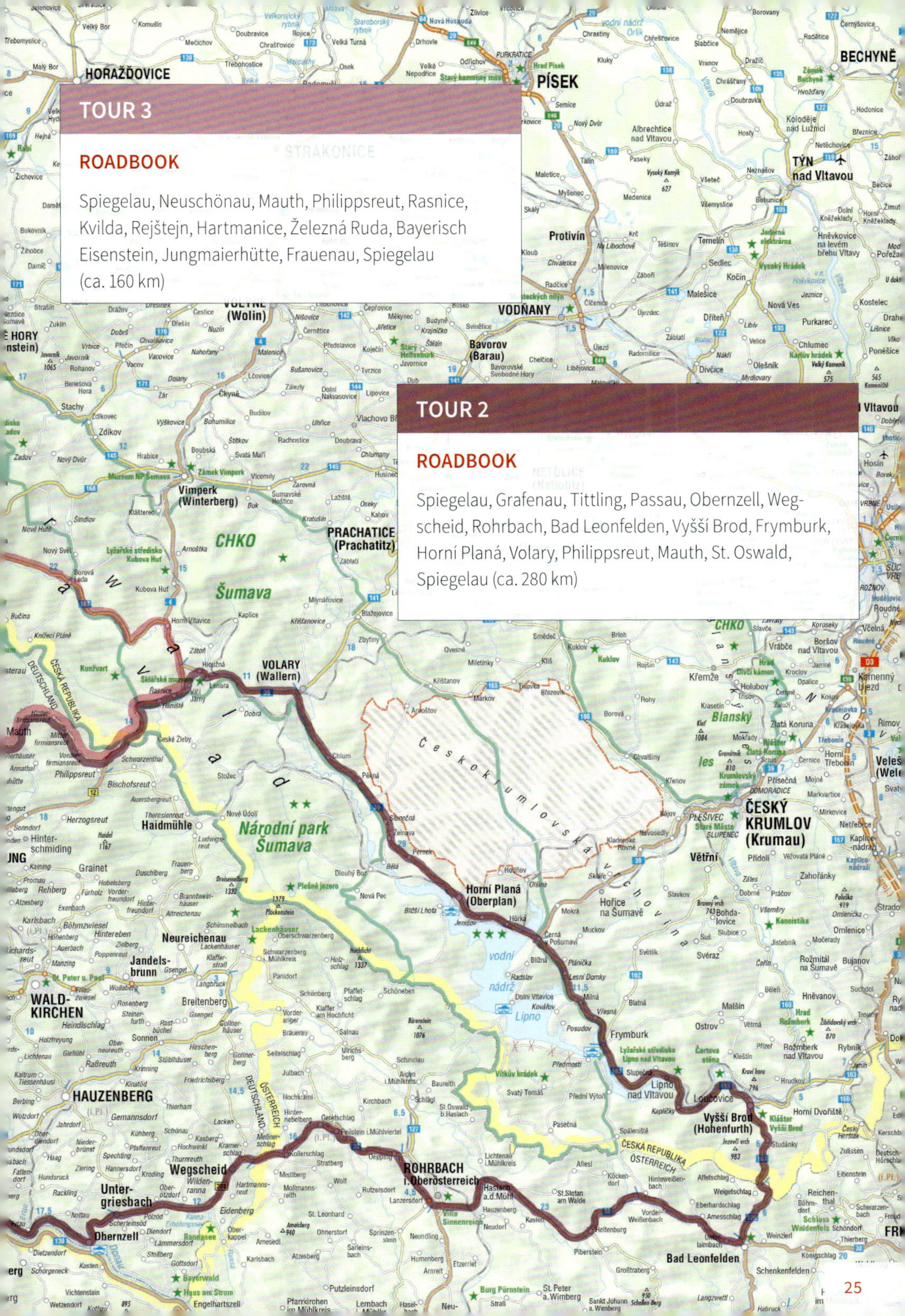

Tour 1 Ins Glas geschaut

Direkt am Fuß des Großen Rachel, des mit 1453 Metern zweithöchsten Berg im Bayerischen Wald, liegt das hübsche Städtchen Spiegelau. Eng mit seiner Geschichte verbunden sind die Glasherstellung und die Holzwirtschaft. 1521 wurde die Glashütte Spiegelau zum ersten Mal in einer amtlichen Urkunde genannt. Für den Transport des reichlich vorhandenen Holzes baute man im 19. Jahrhundert eigens eine Schmalspurbahn. Nach dem Zweiten Weltkrieg nahm die Glasproduktion jedoch ab, bis sie 2008 ganz eingestellt wurde.

Im nahenFrauenau, das wir nach einigen Kilometern erreichen, wird glücklicherweise nach wie vor ins Glas geschaut, da mit den Glashütten Poschinger und Eisch sowie einer Kristallglasfabrik die Tradition weiter-

Der Große Arber ist mit 1456 Metern der höchste Berg des Bayerischen Waldes (oben). Azubis der Zwiesel Kristallglas AG stellten ohne Klebstoff 93 665 Weingläser aufeinander.

lebt. Wer wissen will, wie das mit dem Glas funktioniert, kann in den beiden Hütten den Bläsern über die Schulter schauen.

Mächtige Glaspyramide

„Fein Glas, gut Holz, sind Zwiesels Stolz" heißt es nur ein kurzes Stück weiter. Und der Besucher weiß sofort: Auch im Städtchen Zwiesel gibt es noch eine Glasfertigung. Nach außen deutlich sichtbar gemacht wird das durch die acht Meter hohe Glaspyramide. Ohne Klebstoff wurden 2007 von den Auszubildenden der Zwiesel Kristallglas AG 93 665 Weingläser aufeinandergestellt. Die müssen ruhige Hände gehabt haben …

Dagegen verblasst Zwiesels Wahrzeichen, die neugotische Stadtpfarrkirche St. Nikolaus, fast ein wenig. Dabei wird die höchste Kirche der gesamten Region wegen ihrer kunstvollen Innenausstattung auch „Dom des Bayerischen Walds" genannt.

Kunstvoll sind auch die Kurven angelegt, die anschließend zum

TOUREN-STECKBRIEF

STRECKENLÄNGE
ca. 200 km

DAUER DER TOUR
Halbtages- bis Tagestour

HIGHLIGHTS
Ein Besuch in Zwiesel mit der Glaspyramide und der Kirche St. Nikolaus, eine Kaffeepause am Bikertreff Arbersee, ein Spaziergang durch Deggendorf mit seinen hübschen Bürgerhäusern, die Streuobstwiesen im Lallinger Winkel, die sportlich-zügige Überquerung von Brennessattel und Scheibensattel.

CHARAKTERISTIK
Leichte Tour, ein guter Einstieg in die typischen abgelegenen und kurvenreichen Sträßchen des Bayerischen Waldes. Schöne Mischung aus Fahrspaß und Naturgenuss, für Einsteiger tadellos fahrbar.

In Zwiesel kann die Glasfertigung bestaunt werden.

Glanzstück Deggendorfs ist sein 400 Meter langer Straßenmarkt mit seinen prachtvollen Bürgerhäusern.

934 Meter hoch gelegenen Arbersee hinaufführen. Griffiger Belag, satte Schräglagen. Auf dem Parkplatz vor dem See rollt die Maschine aus, die Besatzung mischt sich unter das Motorradvolk, das diesen traumhaft gelegenen Bikertreff täglich heimsucht. Der Blick auf den See ist eine Wucht und erinnert wegen der urigen Wald- und Moorlandschaft sehr an Kanada. Wer schon den ersten Hunger hat – im Arberseehaus kann man seit 1905 lecker essen und trinken.

Den höchsten Berg des Bayerischen Waldes im Rücken, den 1456 Meter hohen Großen Arber, kurven wir zügig über den Brennessattel und den Scheibensattel hinüber in den Lamer Winkel. Angesichts der herrlichen Panoramen auf die umliegenden Berge mit bunten Ortschaften an ihren Flanken, ist man geneigt, dem Werbespruch der Region Lamer Winkel zu glauben: Mehr Bayerischer Wald geht nicht.

Traditioneller Pfingsritt

Nachdem wir den Ort Lam und seinen hübschen Markplatz hinter uns gelassen haben, legen wir uns entspannt in die lang gezogenen Kurven der Straße entlang des Weißen Regens und erreichen Bayerns jüngstes Kneippheilbad, das sich erst seit 2005 „Bad" nennen darf. Bekannt wurde Bad Kötzting vor allem durch den jedes Jahr am Pfingstmontag stattfindenden Pfingstritt. Im Jahr 1412 beschützten Kötztinger Reiter einen Pfarrer auf seinem Weg zu einem Sterbenden vor Wegelagerern. Nach glücklicher Rückkehr gelobte man, diesen Ritt alljährlich zu wiederholen. Heute sind es immer rund 900 Reiter, die die sieben Kilometer lange Strecke von Kötzting nach Steinbühl und zurück unter die Hufe nehmen.

Kurve links, Kurve rechts, rauf, runter – die Etappe entlang der Südflanke des Bayerischen Waldes nach Deggendorf macht Laune. Dieses verwinkelte Straßennetz scheint auch einen der besten Rallyefahrer der Welt zu größeren Taten animiert zu haben – im Wallfahrtsort St. Englmar wohnt

Walter Röhrl. Benannt ist der Ort allerdings nach dem Einsiedler Engelmarus.

Nächster Stopp Deggendorf. Glanzstück der Stadt an der Donau ist ihr 400 Meter langer Straßenmarkt mit seinen prachtvollen Bürgerhäusern. Weiterhin eine Visite wert sind der Markplatz, das Rathaus, die Kirche Maria Himmelfahrt, das Schiffmeisterhaus, der 13. Längengrad und der Stadtturm.

Deggendorf lohnt für einen Kaffeestopp.

Dass der nun folgende Lallinger Winkel die „Obstschüssel Niederbayerns“ genannt wird, hat seinen Grund – Streuobstwiesen' wohin das Auge blickt. Bei dieser Art des Obstbaus wachsen die Früchte an hochstämmigen Bäumen, die im Gegensatz zum niederstämmigen Plantagen-Obstbau „verstreut“ auf Wiesen und Weiden in der Landschaft stehen. Auf diese Weise wird der Kreislauf der Natur aufrechterhalten und die Artenvielfalt gewährleistet. Tragen wir dazu bei, packen eine Tüte Streuobstwiesen-Äpfel ins Topcase und fahren mit gutem Gewissen zurück nach Spiegelau. ◀

Faszinierende Wassserspiele von St. Englmar.

Tour 2 Drei Länder

Deutschland, Österreich, Tschechien – unsere Samstagstour verläuft grenzüberschreitend und vereint auf spannende Weise deutsche Perfektion mit österreichischer Gelassenheit und tschechischer Improvisationskunst. Gleich im ersten Etappenort Grafenau blitzt der deutsche Erfindungsgeist durch: Während des Ersten Weltkriegs wurde die Grafenauer Tabakfabrik aus Mangel an Dieselöl nicht mit Motor-, sondern mit Wasserkraft betrieben und gleichzeitig der Ort mit Strom versorgt.

Behäbig gleitet die Maschine durch die langen Bögen der B 85 Richtung Passau. Allmählich werden die Berge flacher, die Wälder lichter, die Äcker, Wiesen und Felder zahlreicher. Tittling ist von den drei Waldschlössern Englburg, Saldenburg und Fürstenstein umgeben und hält als Schmankerl das Museumsdorf Bayerischer Wald bereit, mit 48 Bauernhöfen und 150 Nebengebäuden eines der größten Freilichtmuseen Europas. In Neukirchen Blinker links, dann noch ein paar Kilometer bergab, und wir rollen nach Passau hinein.

Am Zusammenfluss von Donau, Inn und Ilz gelegen, wurde Passau nach einem Brand im 17. Jahrhundert von italienischen Baumeistern neu aufgebaut.

Laune der Natur

Ihre faszinierende Lage auf einer Halbinsel am Zusammenfluss von Donau, Inn und Ilz hat die Stadt einer Laune der Natur zu verdanken. Für ihr bezauberndes Stadtbild hingegen sind zwei Brände 1662 und 1680 verantwortlich, nach denen italienische Künstler und

Baumeister Passau vollkommen neu errichteten. Und so ist es kein Wunder, dass man sich beim obligatorischen Stadtbummel nach Mailand oder Florenz versetzt fühlt. Ob hier auch schon die berühmte Leichtigkeit der österreichischen Seele zu spüren ist? Wer weiß. Jedenfalls ist Passau mit seinem südländischen Flair schon etwas ganz Besonderes und einen Abstecher wert.

Die anschließende Fahrt auf der Bundesstraße 388 Richtung Osten passt perfekt zur entspannten Stimmung hier im Grenzgebiet. Schöne Blicke zur Donau wechseln ab mit Aussichten nach links zu den Höhen des Bayerischen Waldes. Obernzell, Untergriesbach, Wegscheid, die Landesgrenze, danach rollen wir durch das Bundesland Oberösterreich. Weshalb zwei etwa auf gleicher Höhe nebeneinander liegende Regionen sich Nieder- und Ober- nennen, wissen wohl nur die Bewohner von Niederbayern und Oberösterreich. Wie auch immer – die flotte Kurverei durch das obere Mühlviertel macht mächtig Laune. Klasse Sträßchen, überschaubarer Verkehr, Hügel an Hügel.

Stadtplatz mit Pestsäule

Rohrbach taucht auf. Im Jahr 1200 an der Kreuzung mehrerer mittelalterlicher Handelswege gegründet, kam das Städtchen schnell zu Ansehen und Reichtum. Das macht sich noch heute in Form zahlreicher Renaissancebauten bemerkbar. Highlight ist der von Bürgerhäusern umringte Stadtplatz mit der Pestsäule. Knapp 25 kurvenreiche Motorradkilometer später erreichen wir Bad Leonfelden. Oder sollte man sagen: Bad Lebkuchen? Beim Lebkuchenhersteller Franz Kastner

Die Badeseen bei Schönberg gelten als die schönsten und romantischsten in Niederbayern.

TOUREN-STECKBRIEF

STRECKENLÄNGE
ca. 280 km

DAUER DER TOUR
lange Tagestour

HIGHLIGHTS
Das großartige Museumsdorf Bayerischer Wald in Tittling, Passau mit seinem südländischen Flair und seiner einzigartigen Lage, das von herrlichen Renaissancegebäuden geprägte Rohrbach, das beeindruckende Kloster Vyšší Brod, die romantische Etappe entlang des Lipno-Stausees.

CHARAKTERISTIK
Mittelschwere Tour, viele Kilometer auf schmalen, kurvenreichen Sträßchen. Trotz ihrer relativ einfachen Streckenführung nicht zu unterschätzen. In drei Ländern drei vollkommen unterschiedliche Etappen.

darf man nämlich sein eigenes Lebkuchenherz kreieren.

Da kommt nach der Überquerung der tschechischen Grenze der Verdauungsspaziergang durch das Kloster Vyšší Brod gerade recht. Die Zisterzienserabtei ist ein Traum in Weiß und wurde 1259 gegründet. Nachdem sie zuerst von den Nazis und dann von den Kommunisten geplündert und als Lazarett bzw. Armeelager benutzt wurde, konnte 1989 nach der Wende ein Neuanfang gemacht werden.

Schutz vor Hochwasser

Als ausgesprochen romantisch entpuppt sich die Etappe entlang des Lipno-Stausees über Horní Planá nach Volary. 1959 wurde hier die Moldau gestaut, um die flussabwärts gelegenen Städte Pilsen und Prag vor Hochwasser zu schützen. Kurz hinter Volary erfolgt der Grenzübertritt nach Deutschland, danach geht es über Mauth nach St. Oswald, wo die letzte Besichtigung des heutigen Tages wartet – das 1396 gegründete Paulinenkloster mit seinen weißen Mauern und seiner kunstvollen Innenausstattung. ◂

Bei Schönebeben überquert die Route die Grenze vom Mühlviertel nach Tschechien.

Die Etappe entlang des Lipno-Stausees entpuppt sich als landschaftlich reizvoll und ausgesprochen romantisch.

Tour 3 Tour de Natur

Keine zehn Kilometer nach dem Start der heutigen Runde heißt es Zündschlüssel umdrehen und Helm ins Topcase. Ein Rundgang durch das Hans-Eisenmann-Haus in Neuschönau steht auf dem Programm. Dieses romantische Holzgebäude ist das Besucherzentrum des Bayerischen Waldes und informiert den Gast über den Nationalpark Bayerischer Wald. Der 24 000 Hektar große Park wurde am 7. Oktober 1970 eröffnet und ist Deutschlands größter Wald-Nationalpark. Im Besucherzentrum warten unter anderem ein Kino mit Natur- und Tierfilmen, eine Lesegalerie und ein Laden für Souvenirs und Fachliteratur.

Ebenfalls um die Natur geht es ein kurzes Stück weiter in Mauth. Die Gemeinde steht auf bis zu 1000 Metern

Die Kirche der heiligen Margarethe ist nur eines der wunderschönen historischen Bauwerke in Hrad Kašperk (oben).

Seit 1990 enthält das örtliche Motorradmuseum die größte Ausstellung von Zweirädern in ganz Tschechien.

Höhe, wodurch auf ihrem Gebiet eine extrem bunte Artenvielfalt an Wild- und Heilkräutern gedeiht. Wer mehr über die Apotheke der Natur wissen will, kann an Wanderungen und Kursen teilnehmen oder sich eine Kräuterstempel-Massage verpassen lassen.

Nur ein Wortspiel

Hinter Philippsreut kreuzt die Route die Grenze nach Tschechien. Aus dem Bayerischen Wald wird nun der Böhmerwald, was nicht mehr als ein Wortspiel ist. Denn geologisch handelt es sich um dasselbe Gebirge, nur durch eine Staatsgrenze geteilt. Uns Motorradfahrern kann das ohnehin egal sein, kommt doch auf den abgelegenen Sträßchen Tschechiens mindestens ebenso viel Fahrspaß auf wie auf deutschem Asphalt. Glücklicherweise haben auch die Tschechen den Wert einer intakten Natur erkannt und den Nationalpark Sumava aus der Taufe gehoben, in dem heute sogar wieder Luchse leben.

TOUREN-STECKBRIEF

STRECKENLÄNGE
ca. 160 km

DAUER DER TOUR
Halbtages- bis Tagestour

HIGHLIGHTS
Ein Rundgang durch das Besucherzentrum des Nationalparks Bayerischer Wald im Hans-Eisenmann-Haus in Neuschönau, die barocke Pfarrkirche Maria Hilf in Železná Ruda, Bayerisch Eisenstein mit seinem deutsch-tschechischen Grenzbahnhof und seinem Glashüttenmuseum, die Kurvenstrecke von Ludwigsthal nach Spiegelau.

CHARAKTERISTIK
Leichte Tour, auf deutscher Seite warten etliche kurvenreiche Landstraßenkilometer, hingegen verläuft die tschechische Etappe eher ruhig und gemütlich. Insgesamt eine Runde zum Entspannen und Genießen.

Auf dem einsamen tschechischen Asphalt geht es bei Annin über die Otavabrücke.

Über Rejstejn, mit 250 Einwohnern eine der kleinsten Städte Tschechiens, und Kašperke Hory mit seinem sehenswerten Motorradmuseum, kurven wir Richtung Grenze nach Železná Ruda oder Markt Eisenstein, wie es im Mittelalter hieß. Sein Gegenstück auf deutscher Seite ist Bayerisch Eisenstein. Bis 1764 waren beide Orte vereint, danach wurden die Grenzen zwischen Bayern und Böhmen neu festgelegt und die Hofmark, wie das Gebiet damals hieß, geteilt. Durch seine abgeschiedene und schneesichere Lage nahe des Großen Arbers konnte sich Bayerisch Eisenstein zu einem beliebten Wintersportort entwickeln. Der abschließende Schlussspurt der heutigen Tour zielt auf verschlungenen Bergsträßchen dem Großen Rachel entgegen, umkurvt den Frauenauer Speichersee und läuft schließlich in Spiegelau ein. ◀

Auf der Etappe von Rejštejn nach Hartmanice zeigt sich die typische Hügellandschaft des Bayerischen Waldes.

HOTEL INFOS

UNSER BASISLAGER

Wenn man dem Franzl zuhört, muss man genau aufpassen. Nicht dass das, was er sagt, schwer zu kapieren wäre. Im Gegenteil. Glasklar erklärt der Chef des Hotels Waldfrieden seinem Gast, wo sich im Bayerischen Wald die besten Schräglagen auf den Asphalt brennen und die romantischsten Strecken finden lassen. Dass man so genau aufpassen muss, liegt an Franzls Dialekt. Der Zungenschlag der Menschen hier oben nahe der tschechischen Grenze hat es nämlich in sich und ist für „Preiß'n", also für alle Nichtbayern, ziemlich schwer zu verstehen. Also aufpassen. „Das Wichtigste ist," sagt der Franzl, „dass die großen Buchstaben immer vorn stehen." Na dann …
Ist die Sprachbarriere einmal überwunden, steht dem rundum geglückten Motorradurlaub nichts mehr im Weg. Vor zwölf Jahren machte Franz Treml, wie der Franzl im bürgerlichen Leben heißt, sein Hobby zum Beruf und verwandelte das in einer ruhigen Wohngegend gelegenen Haus in ein Motorradhotel. Egal ob der Gast den Bayerischen Wald auf eigene Faust erkundet oder von Franzl geführt wird – lachende Gesichter sind am Abend garantiert.

SPEZIELL FÜR MOTORRADFAHRER

Gleich eine ganze Reihe von Spezialangeboten hält der Chef für seine motorradfahrende Kundschaft bereit. Zum Beispiel die Motorradtage, das

sind drei Übernachtungen mit Halbpension für 174,00 Euro pro Person. Oder die Motorradwochen, die sieben Übernachtungen mit Halbpension zum Preis ab 320,00 Euro beinhalten. Auf Motorradfahrerinnen warten unter der Formel „Bike & Beauty" drei Übernachtungen mit Halbpension, Massage, Gesichtsbehandlung und eine begleitete Tour mit Guide Ulrike (259,00 Euro). Wer einfach so mal bei Franzl übernachten möchte, bezahlt im Doppelzimmer mit Frühstück ab 44,00 Euro pro Nacht inklusive Hallenbad, Kräuterbad, Soft-Dampfbad, finnischer Sauna und Infrarotkabine.

HOTEL

Hotel Waldfrieden
Waldschmidtstr. 10, 94518 Spiegelau,
T (0 85 53) 9 79 96 60
www.bikerhotel-spiegelau.de
GPS 48.91176, 13.35346

Mekka **rheinischer Motorradfahrer**

Können sich Hunderttausende von Motorradfahrern wirklich irren? Eigentlich nicht. Denn so viele strömen jedes Wochenende aus dem gesamten Rheinland in die Eifel. Die Eifel gehört an sonnigen Samstagen und Sonntagen ganz klar den Einspurigen. Weshalb? Die Antwort liegt in der geologischen Beschaffenheit. Tief eingeschnittene Täler durchziehen die Eifel, verbunden durch kleine kurvige Bergsträßchen.

Blick auf die mächtige Niederburg in Manderscheid.

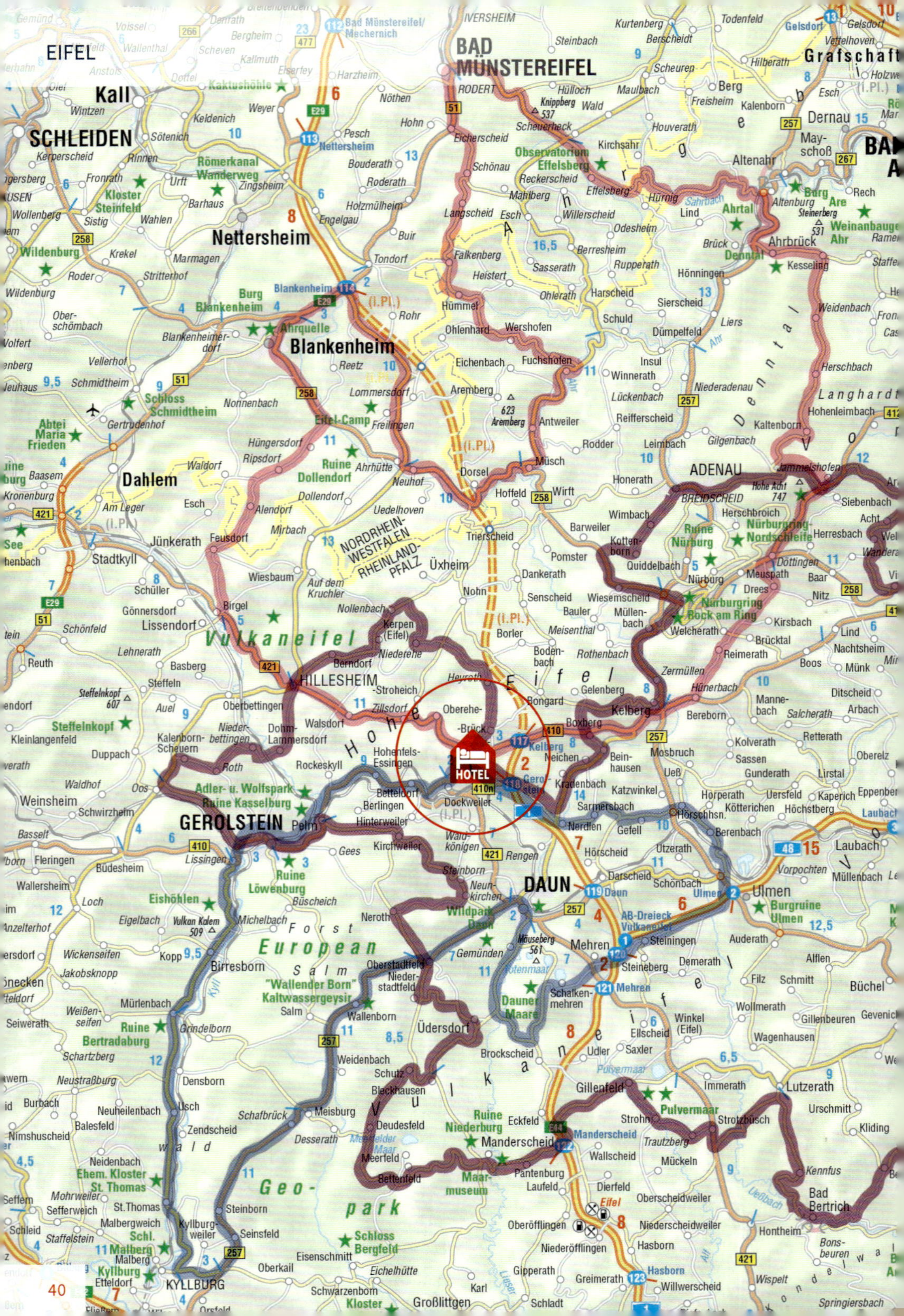
Kall
SCHLEIDEN
Nettersheim
Blankenheim
Dahlem
Jünkerath
Stadtkyll
HILLESHEIM
GEROLSTEIN
DAUN
KYLLBURG
BAD MÜNSTEREIFEL
ADENAU
Grafschaft
Dernau
Mayschoß
Altenahr
Ahrbrück
Nürburg
Kelberg
Ulmen
Bad Bertrich
Lutzerath
Manderscheid
Gillenfeld
Mehren
Birresborn
Üdersdorf
Gemünden
Pelm
Dockweiler
Hohenfels-Essingen
Berlingen
Kirchweiler
Walsdorf
Zilsdorf
Oberehe-Stroheich
Dreis-Brück
Boxberg
Neichen
Kradenbach
Sarmersbach
Nerdlen
Gefell
Hörscheid
Darscheid
Schönbach
Üxheim
Nohn
Dankerath
Senscheid
Lissendorf
Birgel
Feusdorf
Esch
Ahrhütte
Dorsel
Aremberg
Antweiler
Müsch
Wershofen
Hümmel
Schuld
Insul
Dümpelfeld
Lückenbach
Reifferscheid
Leimbach
Honerath
Wimbach
Kottenborn
Quiddelbach
Meuspath
Drees
Welcherath
Reimerath
Zermüllen
Hünerbach
Bereborn
Mosbruch
Katzwinkel
Horperath
Ürsfeld
Kötterichen
Höchstberg
Vulkaneifel
Hohe Eifel
Eifel
Ahrtal
Denntal
Langhardt
Forst
European
Salm
Geopark
Wald
Kloster Steinfeld
Römerkanal Wanderweg
Burg Blankenheim
Ahrquelle
Schloss Schmidtheim
Abtei Maria Frieden
Ruine Dollendorf
Eifel-Camp
Observatorium Effelsberg
Burg Are
Weinanbau Ahr
Ruine Nürburg
Nürburgring-Nordschleife
Nürburgring Rock am Ring
Steffelnkopf
Adler- u. Wolfspark
Ruine Kasselburg
Ruine Löwenburg
Eishöhlen
Vulkan Kalem
"Wallender Born" Kaltwassergeysir
Wildpark Daun
Mäuseberg 561
Dauner Maare
Pulvermaar
Burgruine Ulmen
Ruine Niederburg
Maarmuseum
Ruine Bertradaburg
Ehem. Kloster St. Thomas
Schl. Malberg
Kyllburg
Schloss Bergfeld
Kloster
NORDRHEIN-WESTFALEN
RHEINLAND-PFALZ
HOTEL
AB-Dreieck Vulkaneifel
Hasborn
Manderscheid
Mehren
Daun
Kelberg
Gerolstein
Ulmen
Blankenheim
Nettersheim

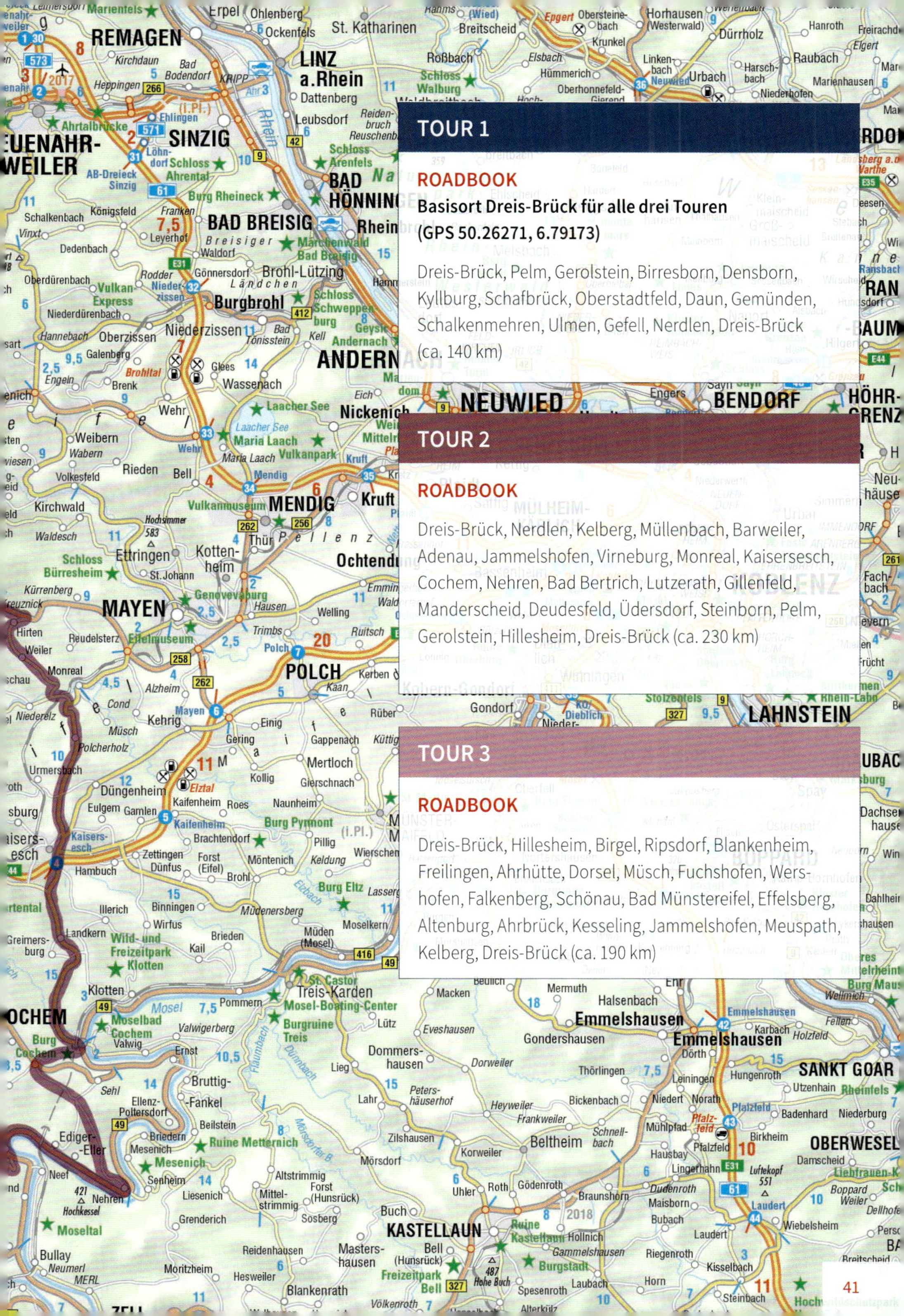

TOUR 1

ROADBOOK

Basisort Dreis-Brück für alle drei Touren (GPS 50.26271, 6.79173)

Dreis-Brück, Pelm, Gerolstein, Birresborn, Densborn, Kyllburg, Schafbrück, Oberstadtfeld, Daun, Gemünden, Schalkenmehren, Ulmen, Gefell, Nerdlen, Dreis-Brück (ca. 140 km)

TOUR 2

ROADBOOK

Dreis-Brück, Nerdlen, Kelberg, Müllenbach, Barweiler, Adenau, Jammelshofen, Virneburg, Monreal, Kaisersesch, Cochem, Nehren, Bad Bertrich, Lutzerath, Gillenfeld, Manderscheid, Deudesfeld, Üdersdorf, Steinborn, Pelm, Gerolstein, Hillesheim, Dreis-Brück (ca. 230 km)

TOUR 3

ROADBOOK

Dreis-Brück, Hillesheim, Birgel, Ripsdorf, Blankenheim, Freilingen, Ahrhütte, Dorsel, Müsch, Fuchshofen, Wershofen, Falkenberg, Schönau, Bad Münstereifel, Effelsberg, Altenburg, Ahrbrück, Kesseling, Jammelshofen, Meuspath, Kelberg, Dreis-Brück (ca. 190 km)

Tour 1 Sprudelnde Hocheifel

Kurz hinter Dreis-Brück klinken wir uns bei Bettelsdorf für ein Stück auf den breiten bequemen Asphalt der Bundesstraße 410 ein. Genau die richtige Strecke zum Warmfahren. Sanfte Hügel, entspannte Kurven, die ruhige Seite der Eifel. Pelm fliegt vorüber, dann taucht das Ortsschild von Gerolstein auf. Wer kennt es nicht, das Gerolsteiner Mineralwasser? Zusammen mit dem aus Bad Neuenahr stammenden Apollinaris gehört es zu den edelsten Quellwässerchen der Eifel. Über 900 Millionen Flaschen füllen die Gerolsteiner Mineralbrunnen AG sowie vier weitere Unternehmen jedes Jahr davon ab. Auf den nächsten 20 Kilometern folgt die Route dem Lauf des Flüsschens Kyll. Das tut sie relativ eng und beschert uns dadurch ein flottes Kurvenvergnügen. Ab und zu sollten wir jedoch die Nase vom Lenker nehmen,

Ein kurvenreiches Sträßchen wedelt von Daun hinauf zum Weinfelder Maar (oben). Burg Dreis stammt aus dem 16. Jahrhundert (rechts).

das Bike abstellen und eine Runde zu Fuß gehen. Zum Beispiel in Mürlenbach auf der reizvollen Bertradaburg. Der markante Bau aus rotem Backstein wurde im 13. Jahrhundert als Grenzfestung der Prümer Äbte errichtet und vermittelt eine ganz eigene, abgeschiedene Atmosphäre.

Kriegerische Geschichte

Jetzt verabschiedet sich die Ausbaustrecke, und wir können auf den nächsten zwölf Kilometern in vollen Zügen das kurvenreiche, holperige Sträßchen genießen, das sich über Densborn und St. Thomas am Wasser entlang, Richtung Kyllburg schlängelt. Wie viele Eifelstädtchen besitzt auch Kyllburg eine lange, kriegerische Geschichte. Die dauerte bis zum Jahr 1276. Damals errichtete der schlaue Bischof von Trier in Kyllburg ein Kloster und machte es damit unantastbar. Heute zeigt sich Kyllburg Gott sei Dank friedlich und stiftet uns zum Bummel durch die hübsche Fußgängerzone an.

Hinter Kyllburg kommt auf der breiten, gut ausgebauten Bundesstraße 257 wieder Ruhe in Gasgriff und Fahrwerk. Nationaler Geopark Vulkaneifel nennt sich diese Region, deren Aussehen vom Vulkanismus der Vergangenheit geprägt ist: Überall zeigen sich Maare, Schlackenkegel, Lavadome und sprudelnde Quellen. Und so wird Daun, unsere nächste Station, nicht umsonst Hauptstadt der Vulkane genannt. Um das an einem Hang gebaute 8 000-Einwohner-Städtchen gruppieren sich rund ein Dutzend großer und kleiner Vulkankrater. Der Name Daun stammt aus der keltischen Sprache und bedeutet so viel wie Wohnsitz. Auch das englische Wort Town schwingt hier mit. Leider wurde Daun im Zweiten Weltkrieg fast völlig zerstört und verfügt über keine his-

TOUREN-STECKBRIEF

STRECKENLÄNGE
ca. 140 km

DAUER DER TOUR
Halbtagestour

HIGHLIGHTS
Bertradaburg in Mürlenbach, Ortskern von Kyllburg, Maarblick auf Totenmaar und Schalkenmehrer Maar (oberhalb von Schalkenmehren), Spaziergang zum Schalkenmehrer Maar, das Ulmener Maar. Die Etappe zwischen Gerolstein und Kyllburg entlang der Kyll ist ein landschaftlicher Traum.

CHARAKTERISTIK
Leichte Tour, für Einsteiger absolut geeignet. Einsame Landsträßchen und ausgebaute Bundesstraßen wechseln sich ab. Die Tour bietet einen guten Vorgeschmack auf die Eifel und eignet sich perfekt für den ersten Fahrtag.

Die 280 Kilometer lange Deutsche Vulkanstraße führt vom Rhein in die Eifel hinein.

Im Mittelalter zogen Kreuzritter von Ulmen aus in die Schlacht (oben).

torische Bausubstanz mehr. Einzig die Reste der Burg haben die Kriegswirren überlebt. Immerhin gibt es heute im Ort eine hübsche Fußgängerzone, für die es sich immer lohnt, aus dem Sattel zu steigen.

In schwungvollen Kurven wedelt die Route hinter Daun an Gemünden vorbei nach Schalkenmehren, wo mitten im Ort ein kurzer Fußweg zum malerischen Schalkenmehrer Maar führt. Ein optischer Leckerbissen, den man sich nicht entgehen lassen sollte. Anschließend Lust auf eine Tasse Kaffee und ein Stück Kuchen? Von der Terrasse des Cafés Maarblick aus kann man die Idylle noch einmal in aller Ruhe betrachten.

Danach geht es auf schmalem Bauernasphalt weiter über Steiningen nach Ulmen. Dort ist es gerade einmal 11 000 Jahre her, dass eine Explosion ein gewaltiges Loch in die Erde riss. Darin sammelte sich im Laufe der Zeit Wasser, und das Ulmener Maar entstand. Überragt werden die direkt am Wasser stehenden Häuser Ulmens von einer Burgruine, von der einst Kreuzritter in die Schlachten zogen.

Zum Schluss dieser Runde serviert uns das Straßenverkehrsamt noch einmal eine schöne Portion Kurven auf schmalem Asphalt. Über Gefell wedeln wir nach Nerdlen, von wo es auf breiter Fahrbahn zurück nach Dreis-Brück geht. ◂

Heiße Vulkaneifel

Tour 2

Gleich nach dem Start in Dreis-Brück quert unsere heutige Tagestour die Autobahn A 1. Oder besser gesagt: deren letzten südlichen Zipfel. Denn zwischen den Anschlussstellen Kelberg und Blankenheim besteht die A 1 bis jetzt nur auf dem Papier. Sei Jahrzehnten warten die Autofahrer darauf, dass endlich auch dieses etwa 30 Kilometer lange Teilstück von Deutschlands ältester Autobahn gebaut wird. Und seit Jahrzehnten schon blockieren Umweltschützer und Anwohner erfolgreich das Vorhaben.

Was uns heute schnuppe sein kann, denn unsere Route schlängelt sich erst einmal kurvenreich und verkehrsarm über Nerdlen und Kelberg Richtung Nürburgring. Griffiger Asphalt, saubere Schräglagen. In Müllenbach ist der Benzingeruch des nahen Nürburgrings bereits deutlich zu riechen, und ein paar flotte Bergaufbögen weiter tauchen die um 2010 neu errichteten imposanten Anlagen des Rings vor dem Lenker auf. In zweijähriger Bauzeit entstand damals ein Freizeitzentrum mit Achterbahn, Einkaufsgelegenheiten, Kneipenviertel, Hotels und Feriendorf. Das erhoffte Ergebnis, nämlich die wirtschaftliche Gesundung der Rennstrecke, erbrachte der riesige Aufwand nicht – 2012 meldete die Nürburgring GmbH Insolvenz an.

Gerne würden auch wir heute einmal über die alte Nordschleife fegen, die ist jedoch für Otto-Normalmo-

Nach umfangreichen Umbauten präsentiert sich der legendäre Nürburgring heute als moderne Rennstrecke.

TOUREN-STECKBRIEF

STRECKENLÄNGE
ca. 230 km

DAUER DER TOUR
Tagestour

HIGHLIGHTS
Der berühmte Nürburgring mit altem und neuem Fahrerlager, Vergnügungscenter und Einkaufsmeile, der Ortskern von Adenau, Breidscheid mit seinen beiden Pommes-Buden, das mittelalterliche Monreal, das Moselstädtchen Cochem, Weinort Bremm, Lavabombe in Strohn. Die Etappe von Adenau nach Virneburg erfüllt auch die geheimsten Kurvenwünsche.

CHARAKTERISTIK
Mittelschwere Tour, Erfahrung mit engen Kehren schadet nicht. Die vielen Kurven verlangen eine gute Kondition und Konzentration. Eine typische Eifel-Tour.

torradfahrer wochentags erst ab 17.30 Uhr geöffnet (wochenends ab 8.00 Uhr). Ab 25 Euro kostet die Runde, das Bike muss straßenzugelassen sein, dann steht dem Fahrspaß auf der 20,8 Kilometer langen und mit 33 Links- sowie 40 Rechtskurven versehenen Rennstrecke nichts mehr im Weg.

Im Adenauer Ortsteil Breidscheid stehen die beiden berühmtesten Pommesbuden der Region.

Ein Stück B 258 bringt uns aussichtsreich über die Eifelhöhen nach Barweiler, wo ein leicht zu verpassendes, unscheinbares Waldsträßchen rechts nach Wimbach abzweigt. Die Sucherei lohnt sich, denn was sich da schmal, wellig und kurvig durch dichten Tannenwald schlängelt, ist eine Offenbarung. Natur pur, kein Verkehr, tolle Stimmung.

Benzingeschwängert hingegen ist die Luft in Adenau. Kein Wunder, ist das schmucke Eifelstädtchen doch für viele Motorradfahrer das Sprungbrett zum und auf den Nürburgring. In Breisdcheid wartet nicht nur die untere Einlassstelle für Privatfahrer, dort stehen auch links und rechts der Straße die beiden berühmtesten Pommesbuden der Region. Der Halt ist hier selbstverständlich absolute Pflicht.

Höchster Eifelberg

Auf einem Sträßchen der Marke schmal und kurvig windet sich die Route nun hinauf zur Hohen Acht, der mit 747 Meter höchsten Erhebung der Eifel. Hinter Jammelshofen queren wir die Bundesstraße 412, um uns sofort wieder in die Kurven und Kehren einer Fahrbahn zu stürzen, die uns über Langenfeld, Virneburg und Hirten nach Monreal bringt. Das mittelalterliche Städtchen ist unbestreitbar das optische Glanzlicht dieser Tour und lässt sich ganz gut vom Motorradsattel aus besichtigen. Man dreht eine lockere Runde durch die Gassen Monreals, bewundert die Fachwerkhäuser aus

Neben der Rennstrecke gibt es am Nürburgring heute zahlreiche weitere Attraktionen, darunter einen Vergnügungspark.

dem 17. und 18. Jahrhundert und rollt über die Elzbachbrücke mit der steinernen Figur des Heiligen Johannes.

Nach den vielen Kurvenkilometern tut die folgende ruhige Etappe durch das Maifeld richtig gut. Zu Beginn eine Handvoll zackiger Kehren, dann ist entspanntes Cruisen angesagt. Weit schweift der Blick über die grünen Hügel des Maifelds. Ein Panorama, das typisch ist für die zerklüftete Eifel mit ihren großen Höhenunterschieden.

Weinberge als Abkürzung

Nächster Stopp Cochem. Das sympathische Städtchen an der Mosel, dessen Markplatz sich an jedem Sonntag zum von der Obrigkeit geduldeten Motorradtreff verwandelt, ist immer eine Runde zu Fuß wert. Eine Abkürzung durch die Weinberge führt nach Ediger-Eller und dort weiter nach Bremm, wo die Mosel ihre berühmte 180-Grad-Kehre vollführt. Da kommen beim Fahren die Himmelsrichtungen ganz schön durcheinander. Auf schmalem Asphalt geht es hinter Bremm weg vom Fluss hinauf in den kleinen, aber feinen Kurort Bad Bertrich und von dort über Lutzerath wieder in das Herz der Eifel hinein.

Was nun folgt, ist eine Etappe in die Kreidezeit. Vor hunderten Millionen von Jahren war in dieser Region der Eifel die Erde besonders aktiv. Explodierte sie, sackte der Boden ein und hinterließ eine Vertiefung, die sich im Laufe der Zeit mit Regenwasser füllte. Maare nennt man solche Kraterseen, und die schönsten von ihnen liegen auf den folgenden 50 Kilometern entlang der Strecke. Also Augen auf und Kamera bereit.

Lässig kurvt die Route durch die Vulkaneifel, streift Strohn und seine Lavabombe, die beiden direkt nebeneinander stehenden Burgen von Manderscheid und läuft schließlich im Mineralbrunnenstädtchen Gerolstein ein. Der letzte Schlenker des Tages erfolgt in einem weiten Rechtsbogen nach Hillesheim. Über Berndorf, dessen Namen sich der Krimiautor Jacques Berndorf zu Eigen gemacht hat, geht es zurück – nach Dreis-Brück. ◄

Wie hier bei Hillesheim wachsen in der Eifel die schönsten Wacholderheiden.

Tour 3 Kriminelle Voreifel

Vorsicht: Tödlich enden kann diese Runde schon zehn Kilometer nach dem Start. Doch keine Panik – das gilt nicht für Motorradfahrer, sondern für die Figuren der Kriminalromane, um die sich im Eifelstädtchen Hillesheim alles dreht. Denn dort residiert der KBV-Verlag, Herausgeber der bekannten Eifelkrimis von Jacques Berndorf. Verleger und Autor Ralf Kramp hat gleich ein ganzes Gebäude im Zeichen des Kriminalromans geschaffen – den Verlag, die Buchhandlung Lesezeichen, das deutsche Krimiarchiv und – ganz besonders zu empfehlen – das Café Sherlock. Im ersten deutschen Krimicafé kann man inmitten englischen Mobiliars zwischen Mordwaffen und Kerzenleuchtern Miss Marple's Teatime

Die barocke Wohnburg Blankenheim dient seit 1936 als Jugendherberge und kann besichtigt werden (oben). Das Café Sherlock ist stilecht bis ins kleinste Detail mit Krimi-Utensilien ausgestattet (rechts).

trinken oder einen Chocolat Poirot genießen.

In Birgel setzen wir den Blinker rechts und kurven durch eines der schönsten Wacholdergebiete der Eifel Richtung Blankenheim. Nach wie vor wird hier das Gras durch Schafe kurz gehalten, was verhindert, dass die Wacholderbüsche irgendwann überwuchert werden und für immer verschwinden.

Nächster Stopp Blankenheim. Wegen seines kleinen, feinen Ortskerns, der gemütlichen Cafés und des überraschenden Anblicks der Erftquelle. Überraschend, weil der Fluss unter einem Fachwerkhaus entspringt und aus dessen Keller zu quellen scheint.

Zünftige Schräglagen

Entspannt geht es auf der Straße zu, die aussichtsreich von den Eifelhöhen hinab ins Tal der Ahr führt. Ab hier folgt die Route in herrlich weiten Bögen dem träge dahinfließenden Flüsschen und lässt einige zünftige Schräglagen zu. In Müsch verlässt sie die Bundesstraße, bleibt aber der Ahr bis Fuchshofen treu. Dort heißt es: Nimm den

TOUREN-STECKBRIEF

STRECKENLÄNGE
ca. 190 km

DAUER DER TOUR
Tagestour

HIGHLIGHTS
Hillesheim und das Kriminalhaus, die Wacholderheide bei Ripsdorf, Blankenheim und die Ahrquelle, der Ortskern von Bad Münstereifel, das romantische Sahrbachtal. Die Etappe von Fuchshofen nach Schönau gehört motorradfahrerisch zum Besten, was die Eifel zu bieten hat.

CHARAKTERISTIK
Mittelschwer Tour, äußerst abwechslungsreich, gespickt mit Streckenvarationen jeglicher Art, verläuft fast nur auf kleinen Nebenstraßen. Einsteiger sollten enge Kurven sicher fahren können.

Blankenheim besitzt einen feinen Stadtkern mit hübschen Fachwerkhäusern und schönen Cafés.

In Ahrbrück steht der äußerst beliebte Motorradtreff Ahrwind.

Lenker fest in die Hand und mach das Beste draus. Kurven- und kehrenreich erklimmt ein schmales, holperiges Sträßchen die Flanke des Ahrtales und wirbelt über Wershofen, Falkenberg und Eicherscheid nach Bad Münstereifel. Das sehenswerte Kurstädtchen mit seinem original erhaltenen mittelalterlichen Kern ist auf jeden Fall einen Bummel zu Fuß wert, gerne garniert mit einem Imbiss im Café T oder im Tapferen Schneiderlein, dessen Besitzer Leckeres mit Zutaten aus der Region anbietet. Auch in der Umgebung von Bad Münstereifel geschehen übrigens Morde – im nahen Euskirchener Vorort Kreuzweingarten residiert der Highlights-Verlag mit seinen Motorrad-Krimis.

Hügel des Ahrgebirges

In einer faszinierenden Aneinanderreihung von knackigen Kurven und entspannten Geraden überquert die Route nun die Hügel des Ahrgebirges, schlängelt sich holperig durch das Tal des Sahrbachs, quert die B 257 und wieselt das wunderschöne Kesselinger Tal hinauf zur Hohen Acht. Zügig zieht sie anschließend am Nürburgring vorbei, kurvt über Welcherath hinab nach Kelberg und läuft schließlich wieder in Dreis-Brück ein. ◀

Das 1972 in Betrieb genommene Radioteleskop von Effelsberg war bis zum Jahr 2000 das weltweit größte bewegliche Radioteleskop der Welt.

HOTEL INFOS

UNSER BASISLAGER

Er ist leidenschaftlicher Harley-Fahrer, Gastronom aus Berufung und einer der Pioniere in Sachen Motorrad-Hotels – Eddy Leclaire aus Dreis-Brück in der Hocheifel. Seit rund 25 Jahren heißt es bei

Eddy und seiner Frau Heike „Willkommen bei Freunden“. Ihr rustikaler Landgasthof Beim Holzschnitzer steht nur 17 Kilometer vom Nürburgring entfernt – und damit in bester Lage für einen Motorradurlaub auf den attraktivsten Kurvenstrecken der Eifel.

Zum Übernachten stehen elf bequeme Zimmer sowie mehrere Schlaffässer zur Verfügung. Alle Zimmer sind urgemütliche eingerichtet, manche mit stilvollen Holzmöbeln und Dielenböden versehen. Wer mit dem Zelt anreist, kann auf der Campingwiese hinter dem Haus sogar in der eigenen Stoffvilla schlafen.

Auch kulinarisch kommen Eddys Gäste auf ihre Kosten: Er serviert „Schnitzel in Kleidergrößen“, alle 200 bis 600 Gramm schwer. Im Biergarten mit eigenem Bachlauf finden im Juli und August jeden Donnerstag Gartenfeste mit Live Musik statt. Wer ein privates Fest feiern will, ist im Holzschnitzer

ebenfalls an der richtigen Adresse. Dass man sich bei Eddy auch einfach mal so trifft, beweisen die vielen Motorräder, die am Wochenende mehrreihig vor dem Gasthof parken. Zusätzlich findet alle zwei Wochen freitags in den geraden Kalenderwochen ein Motorradstammtisch statt.

SPEZIELL FÜR MOTORRADFAHRER

Preise: Doppelzimmer mit Frühstück ab circa 80,00 Euro, mit Halbpension ab circa 110,00 Euro. Über verschiedene Feiertage wie Ostern, Himmelfahrt oder Pfingsten bietet Eddy „XXL-Biker-Wochenenden“ mit Frühstück für knapp 140,00 Euro pro Person im Doppelzimmer an, ein spezielles Biker-Weekend kommt auf 135,00 Euro.

HOTEL

Landgasthof/Bikertreff Beim Holzschnitzer
Dockweiler Str. 1, 54552 Dreis-Brück
T (065 95) 248
www.beim-holzschnitzer.de
GPS 50.26271, 6.79173

Nürburgring – Maare und Motoren

Wechselvoller Geschichte zum Trotz ist der Nürburgring bei Motorradfans nach wie vor sehr beliebt.

Den Nürburgring an sich gibt es gar nicht. Denn genau genommen sind es zwei vollkommen verschiedene Rennstrecken, die sich da rund um die Nürburg durch die Eifelwälder schlängeln: Die 1984 in Betrieb genommene neue Grand-Prix-Strecke und die alte Piste, die jetzt Nordschleife genannt wird. Wobei die Bezeichnung Schleife ein wenig irreführend ist, da sie mit ihrer Länge von 20,8 Kilometern die nur 4,5 Kilometer lange Grand-Prix-Strecke deutlich überflügelt.

Weshalb zwei Rennstrecken? Die Antwort liegt im Jahr 1970. Damals erklärten die Formel-1-Fahrer nach einer Serie von schweren Unfällen den alten Nürburgring für zu gefährlich und forderten Umbauten. Die Nürburgring GmbH als Eignerin der Strecke reagierte und investierte mehr als 17 Millionen Mark in Seitenstreifen, Fangzäune und Leitplanken. Drei Jahre lang ging alles gut, doch schon 1974 platzte die nächste Bombe: Diesmal waren es die Motorradfahrer, die anlässlich eines WM-Laufes den Nürburgring boykottierten. 1976 fand schließlich das letzte Grand-Prix-Rennen statt, danach erhielt der Ring keine Formel-1-Zulassung mehr.

Was tun, um die grüne Hölle, wie die Rennfahrer den landschaftlich einmaligen Kurs nannten, zu retten? Die Antwort lautete: Eine neue Rennstrecke bauen. So entstand zwischen 1981 und 1984 der heutige Grand-Prix-Kurs. Er erfüllt zwar alle Voraussetzungen einer modernen Rennstrecke, besitzt jedoch lange nicht den Charme der alten Piste. Für echte Nürburgringfans ist und bleibt deshalb die Nordschleife der einzig wahre Ring.

Begehrte Teststrecke

Diese Nordschleife ist durch die Abwanderung der Grand-Prix-Cracks keineswegs verwaist. Im Gegenteil. Alle möglichen nationalen Auto- und Motorradrennen werden jedes Jahr auf ihr veranstaltet. Die Industrie mietet den Kurs oft komplett für ganze Tage, um neue Fahrzeuge und Produkte auszuprobieren. Das Beste an der Nordschleife ist jedoch, dass wir Otto-Normal-Motorradfahrer sie befahren dürfen. Wochentags ab 17.30 Uhr, am Wochenende ab 8.00 Uhr steht uns die grüne Hölle von März bis November zur Verfügung. Eine Runde kostet ab 25 Euro, das Motorrad muss eine Straßenzulassung besitzen. Mehr Voraussetzungen sind gar nicht nötig. Man fährt einfach eine der beiden Zufahrten oben am neuen Ring oder unten in Breidscheid an, bezahlt an der Kasse und düst schon auf den Spuren von Giacomo Agostini und Mike Hailwood durch die grüne Hölle. ◄

Luftbild eines Teils der legendären Nordschleife, im Hintergrund die Nürburg.

Einmal im Jahr finden auf dem Grand-Prix-Kurs Motorrad-Classic-Rennen statt.

Deutsch-tschechische **Leckerbissen**

Schloss Augustusburg, das Oldtimermuseum, das jährliche Wintertreffen – kennt man. Aber wer war schon einmal in der Saigerhütte, in diesem faszinierenden technischen Freilichtmuseum in Olbernhau? Eben. Also nichts wie auf ins Erzgebirge, wo man nicht nur sensationell Motorrad fahren kann, sondern wo es noch viele Kleinode zu entdecken gibt. Besonders attraktiv wird der Motorradurlaub im Erzgebirge durch den ständigen Grenzwechsel nach Tschechien – und zwar in fahrerischer wie auch kulinarischer Hinsicht.

Der 1215 Meter hohe Fichtelberg ist die höchste Erhebung im Erzgebirge und per Motorrad anfahrbar.

TOUR 1

ROADBOOK

Basisort Kühberg für alle drei Touren (GPS 50.51623, 13.04114)

Kühberg, Bärenstein, Oberwiesenthal, Jáchymov, Ostrov, Karlsbad (Karlovy Vary), Nejdek, Johanngeorgenstadt, Breitenbrunn, Markersbach, Neudorf, Cranzahl, Kühberg (ca. 160 km)

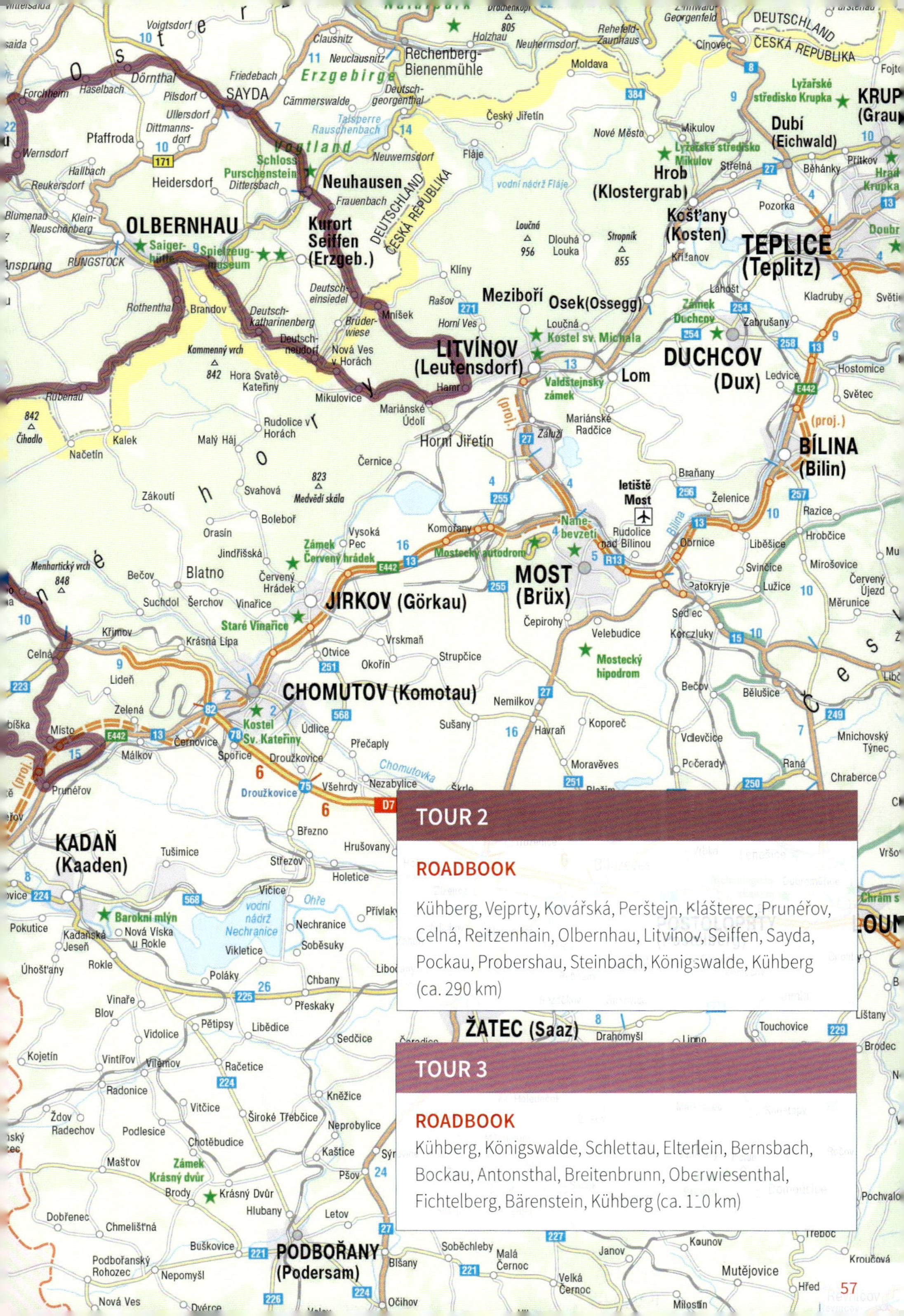

TOUR 2

ROADBOOK

Kühberg, Vejprty, Kovářská, Perštejn, Klášterec, Prunéřov, Celná, Reitzenhain, Olbernhau, Litvínov, Seiffen, Sayda, Pockau, Probershau, Steinbach, Königswalde, Kühberg (ca. 290 km)

TOUR 3

ROADBOOK

Kühberg, Königswalde, Schlettau, Elterlein, Bernsbach, Bockau, Antonsthal, Breitenbrunn, Oberwiesenthal, Fichtelberg, Bärenstein, Kühberg (ca. 110 km)

Tour 1 Kaffeeklatsch mit Jens

Auf den Skisprungschanzen von Oberwiesenthal legte der Skispringer Jens Weißflog den Grundstein für seine Welterfolge.

Unser Startort Kühberg am Pöhlbach ist eine Teilgemeinde von Bärenstein, einem Ort mit abwechslungsreicher Geschichte. Um 1527 wurde er von Bauern gegründet. Auf deutscher Seite des Pöhlbachs gehörte man zum Kurfürstentum Sachsen, auf der anderen Seite zum Königreich Böhmen. Die „Böhmische Brücke", die beide Gebiete miteinander verband, wurde 1557 gebaut und bestand bis 1945. Nach dem Zweiten Weltkrieg wurde die Grenze nach Böhmen geschlossen, aus Weipert wurde Vejprty. Dann kam 1989 die Wende, die Grenze wurde wieder geöffnet.

Freiraum fürs Gehirn

Von Kühberg aus rollen wir zunächst die Bundesstraße 95 Richtung Süden entlang. Weite Bögen, entspanntes Gleiten, herrliche Ausblicke vom Kamm des Erzgebirges hinüber nach Tschechien. Das Gehirn hat viel Freiraum, um die Eindrücke zu verarbeiten, die ihm die Sinne schicken: Riechen, Hören, Sehen, Fühlen. Sehen kann man schon von weitem die Attraktion Oberwiesenthals – der mit 914 Metern höchst gelegenen Stadt Deutschlands – ihren Hausberg, den 1215 Meter hohen Fichtelberg mit seinen Skiprungschanzen. Dort legte in den 1980er-Jahren der erfolgreichste deutsche Skispringer den Grundstein zu seinen Erfolgen: Jens Weißflog wurde zweimal Weltmeister und errang dreimal olympisches Gold.

Heute besitzt der sympathische Sachse in Oberwiesenthal ein Hotel, wo man einmal im Monat beim Kaffeeklatsch persönlich mit ihm plaudern kann (www.jens-weissflog.de).

Hinter Oberwiesenthal empfängt uns der tschechische Teil dieser Runde. Und der hat es in sich – optisch wie fahrerisch. Eine Bergstraße mit hoher Kurvensättigung zirkelt hinab nach

TOUREN-STECKBRIEF

STRECKENLÄNGE
ca. 160 km

DAUER DER TOUR
Halbtagestour

HIGHLIGHTS
Der Abstecher hinauf zum Fichtelberg, die kurvenreiche Bergstraße auf tschechischer Seite zwischen der Grenze und Ostrov, der Bummel zu Fuß durch Karlsbad und sein auf der ganzen Welt einmaliges historisches Kurviertel, der Bahnhof von Cranzahl und die Dampflok der historischen Schmalspurbahn.

CHARAKTERISTIK
Leichte Tour, die schmalen Sträßchen und vielen Kurven auf tschechischer Seite sollte man allerdings nicht unterschätzen. Gute Mischung aus Fahrspaß, Sightseeing und kulturellem Erlebnis.

Karlovy Vary, auf deutsch Karlsbad, gehört zu den schönsten und romantischsten Kurbädern der Welt.

Des Autors Mineralwasser kommt heiß direkt von den Quellen aus dem Hahn.

Jáchymov und dann weiter Ostrov, klinkt sich kurz auf eine Nationalstraße ein, um dann im Tal der Eger in lockeren, entspannten Bögen den Windungen des Flusses zu folgen.

Kann diesen optischen Hochgenuss heute noch irgendetwas toppen? Ja. Und zwar die Kurstadt Karlsbad, das vielleicht schönste Kurbad Europas, das am Ende der Egerstrecke in Sicht kommt. Schon im 14. Jahrhundert zählte Karlovy Vary zu den berühmtesten Heilbädern der ganzen Welt. Man stellt das Bike nahe des Kreisverkehrs am Eingang zum Kurviertel ab, schlendert zu Fuß die Promenade an der Eger entlang, bestaunt die unzähligen wunderschönen Gebäude und Kolonnaden aus der Belle Epoque und trinkt schließlich am Ende des Spaziergangs im Straßencafé des Grand Hotel Pupp eine Tasse Kaffee. Wem das Pupp irgendwie bekannt vorkommt – dort wurde das Pokerspiel im James-Bond-Film „Casino Royal" gedreht.

Die historische dampfgetriebene Schmalspurbahn verkehrt zwischen Cranzahl und Oberwiesenthal.

Tolles Kurvengeschlängel

Aus dem Tal der Eger wedelt die Route motorradgemäß verwunden wieder hinauf in die Höhen des Erzgebirges. Kurz vor der traditionsreichen Bergbaugemeinde Johanngeorgenstadt überquert sie die Grenze nach Deutschland und trifft bei Raschau auf die Bundesstraße 101. Die gewährt Bike und Besatzung eine kurze Ruhepause, bevor es in Markersbach wieder in das erzgebirgische Kurvengeschlängel hineingeht.

In Cranzahl können Liebhaber alter Dampflokomotiven mit etwas Glück einen Blick auf die Fichtelbergbahn werfen, die von dort nach Oberwiesenthal verkehrt. Ein paar letzte Kurven, und die Räder rollen nach Kühberg hinein. ◄

Tschechische Leckereien

Tour 2

Kühberg, Bärenstein, der Pöhlbach, die Grenze, Vejprty. Keine Viertelstunde nach dem Start zur heutigen Tagesrunde findet man sich in Tschechien wieder. Unter dem Namen Weipert zur k.u.k.-Zeit ein blühender Ort, fiel Vejprty nach Ende des Zweiten Weltkriegs ins Bodenlose. Die Deutschen wurden hinausgeworfen, die entvölkerte Stadt zerfiel zunehmend, die meisten Industrieanlagen wurden gesprengt. Doch seit der Wende geht es mit Vejprty wieder bergauf – der alte Grenzübergang ist in Betrieb, die Kirchen sind renoviert. 2013 eröffnete auf einer Industriebrache die „Gemeinsame Mitte", ein gemeinsames Ortszentrum von Bärenstein und Vejprty. „Herzen wurden verletzt, aber der Verstand verlangt Versöhnung" steht auf einer Gedenktafel. Guter Satz!

Echtes Kleinod

Wie alle tschechischen Landstraßen macht auch die Strecke über Kovářská und Perštejn nach Klášterec eine Menge Spaß. Wenig Verkehr, dafür umso mehr Kurven, der Belag ist top in Schuss. Idyllisch im Tal der Eger gelegen, entpuppt sich Klášterec als echtes Kleinod. Wahrzeichen des „kleinen Klosters" ist das 1590 errichtete Schloss. Italienische Meister bauten

Die Gemeinsame Mitte verbindet das deutsche Städtchen Bärenstein mit dem tschechischen Vejprty.

TOUREN-STECKBRIEF

STRECKENLÄNGE
ca. 290 km

DAUER DER TOUR
Tagestour

HIGHLIGHTS
Das Kleinod Klášterec mit seinem idyllischen Schloss, die beeindruckende Saigerhütte in Olbernhau, Seiffen mit seinen Spielzeugmanufakturen und dem Spielzeugmuseum, das Motorradmuseum in Neuhausen und seine DDR-Maschinen, die knackige Landstraßenetappe von Klasterec nach Reitzenhain, das Waldhufendorf Königswalde.

CHARAKTERISTIK
Mittelschwere Tour, speziell auf tschechischer Seite mit kurvigen, abgelegenen Waldsträßchen gespickt. Bis auf die beiden etwas längeren Stopps in Klasterec und Seiffen ist Fahren, Fahren und nochmals Fahren angesagt.

es im 17. Jahrhundert zu einem repräsentativen Adelssitz aus, später bekam es einen englischen Garten spendiert. Vor dem Schlosseingang ist genügend Platz fürs Bike, im Innenhof wartet ein Café mit leckeren tschechischen Backwaren. Noch nie einen Kollatsch oder einen Trubotschki probiert? Na, dann wird es Zeit ...

Parallel zur Grenze

Wieder im Sattel, dauert es nicht lange bis zur nächsten Kurvenetappe. In einem schräglagenverdächtigen Rauf und Runter bewegt sie sich an der Ostflanke des Erzgebirges entlang, um ein Stück vor Reitzenhain wieder auf deutschen Boden einzufallen. Doch nicht für lange. Parallel zur Grenze schlängelt sie sich zunächst an Olbernhau vorbei, wo mit der Saigerhütte aus dem Jahr 1537 ein faszinierendes Freilichtmuseum wartet, und setzt hinter Deutschkatharinenberg wieder nach Tschechien über. Litvínov kommt in Sicht. Besser gesagt, die „ewige Flamme“ der größten tschechischen Erdölraffinerie. Eine industrielle Tradition gibt es in Litvínov schon seit dem Mittelalter, als hier Eisenerz und Braunkohle gefördert wurden. Später kamen Textilmanufakturen hinzu, Spielwaren wurden gefertigt und das im 19. Jahrhundert bei Adel und Bürgertum zur Dekoration so beliebte Pappmaché.

Blinker links, zurück ins Erzgebirge und hinein nach Seiffen. Auch dort wurde nach dem Rückgang des Bergbaus ab etwa 1750 Holzspielzeug hergestellt. Im Gegensatz zu den tschechischen Manufakturen produzieren die deutschen jedoch heute nach wie vor. Und das trotz erdrückender Billigkonkurrenz aus Fernost. Der Grund liegt

Klášterec, das „kleine Kloster“ entpuppt sich als echtes Kleinod.

In der Saigerhütte bei Olbernhau taucht der Besucher tief in die Geschichte des Bergbaus ein.

auf der Hand: Es gibt immer noch genügend Menschen, die statt Ramsch aus Plastik lieber Qualität aus Holz wollen. Wir klappen also den Seitenständer aus, bummeln durch Seiffens Straßen, bewundern die Auslagen in den Schaufenstern der Manufakturen und essen zum Schluss auf der Terrasse der Konditorei Barthel eine typisch erzgebirgische Eierschecke.

Feines Motorradmuseum

Der Motor hat kaum Betriebstemperatur erreicht, da heißt es schon wieder: Zündschlüssel umdrehen, Helm ab. Wir machen Halt in Neuhausen. Erstens wegen seines wunderschönen Schlosses Purschenstein – heute ein Hotel – und zweitens wegen des kleinen, aber feinen Motorradmuseums, das früher in diesem Schloss untergebracht war. Mittwochs und sonntags geöffnet, zeigt es heute in der ehemaligen Berufschule eine Vielzahl von DDR-Modellen aus den Jahren zwischen 1950 und 1980, von der legendären AWO über Roller bis zum Klassiker MZ.

In Sayda queren wir die B 171, bevor wir uns auf schmalem, abgelegenem Asphalt nach Pockau davonmachen und anschließend an Marienberg vorbeifahren. Ein kurzes Stück B 174 folgt, die anschließende Landstraßenetappe bringt uns zügig und kurvig nach Königswalde. Der Ort ist aufgrund der gut erhaltenen Steinmauern zwischen den Flurstücken noch gut als ehemaliges Waldhufendorf zu erkennen. Diese Dörfer wurden auf der Fläche von zuvor gerodeten Wäldern errichtet, besaßen eine zentrale Hauptstraße, von der rechtwinklig die einzelnen Parzellen, „Hufen" genannt, abgingen. Deutsche Siedler waren es, die im 12. und 13. Jahrhundert nach Sachsen, Thüringen und Schlesien gingen und sich dort niederließen. ◄

Tour 3 Das kleine Einmaleins

Unsere sonntägliche Halbtagesrunde beginnt ebenfalls in Kühberg. Richtung Norden passieren wir das vom Pöhlberg überragte Waldhufendorf Königswalde und nehmen Kurs auf Schlettau. Dort gilt das gleichnamige Schloss als das wichtigste Baudenkmal der früheren von Zwickau nach Dresden führenden Silberstraße. Diese war zu Bergbauzeiten im Mittelalter der klassische Transportweg für Eisen- und Silbererz von den Förderstätten im Erzgebirge zu den Verarbeitungszentren in den entfernten Flusstälern. Schloss Schlettau wurde im 14. Jahrhundert erbaut, um 1900 neugotisch aufgehübscht und 2006 aufwändig restauriert.

Der Spaziergang durch den stillen Park von Schoss Schlettau ist ein Muss.

Nach Adam Riese

Bevor die Runde aber weitergeht, steht ein Abstecher nach Annaberg-Buchholz auf dem Programm. Reiche Silberfunde führten am 21. September 1496 zur Gründung von Annaberg, am 7. November 1501 zur Gründung von Buchholz. Untrennbar mit Annabergs Geschichte verbunden ist der deutsche Oberrechner Adam Ries. Von 1523 bis 1559 arbeitete er als Rechenmeister und Bergbeamter in der aufstrebenden Stadt. Mit seinen drei Rechenbüchern – seinem Grundwerk der Algebra, der „Coß" und mit seiner Rechenschule – verstand er es, Mathematik dem „gemeynen Mann" nahe zu bringen. Wer das kleine Einmaleins noch nicht sicher beherrscht: Seit 1984 befindet sich in seinem ehemaligen Wohnhaus das Adam-Ries-Museum, wo der Besucher in den Genuss einer Rechenstunde kommt.

Nachdem wir bei Kaffee und Kuchen auf dem reizenden Marktplatz von Annaberg den Durchschnittsverbrauch unseres Motorrades im Kopf errechnet haben, schwingen wir uns auf verkehrstechnisch nahezu unverbrauchtem Asphalt Richtung Westen, legen uns in sanfte Kurven, kommen durch Elterlein und Bernsbach und treffen auf die alte Bergbaustadt

TOUREN-STECKBRIEF

STRECKENLÄNGE
ca. 110 km

DAUER DER TOUR
Halbtagestour

HIGHLIGHTS
Schloss Schlettau mit seinem romantischen Park, ein Bummel durch Annaberg mit Besuch des Adam-Ries-Museums, ein Spaziergang durch die Bergwerkstadt Aue und über ihre 60 Brücken, das verschlungene Landsträßchen von Bockau nach Rittersgrün, dessen Dampflock-Schmalspurmuseum, ein Abstecher hinauf zum Fichtelberg.

CHARAKTERISTIK
Leichte Tour, schöne Mischung aus fahraktiven Bergsträßchen und entspannten Etappen auf breitem, gut ausgebautem Asphalt. Ausgewogenes Verhältnis zwischen Fahren und Besichtigen, daher bestens geeignet für Anfänger.

Annaberg-Buchholz ist Heimatstadt des mittelalterlichen Rechengenies Adam Ries.

Tolle Fernblicke gibt es an vielen Stellen des Erzgebirges.

Aue. Durch die Uranerzgewinnung der sowjetischen Siegermacht lebte hier der Bergbau zwischen 1950 und 1970 nochmals auf, bis Ende der Siebziger das finale Aus kam. Die gute Stube Aues ist sein Altmarkt, der über Jahrhunderte weitgehend unverändert blieb. Wer beim Stadtbummel ständig Flüsse und Bäche überquert, braucht sich nicht zu wundern: Insgesamt 60 Brücken spannen sich im Stadtgebiet von Aue über die Zwickauer Mulde, das Schwarzwasser und verschiedene kleinere Gewässer.

Hoher Spaßfaktor

Ein kurzes Stück Bundesasphalt befördert uns flott nach Bockau. Dort geht es auf dem folgenden Landsträßchen in Sachen Kurven und Schräglagen richtig zur Sache. rauf, runter, links, rechts, hoher Spaßfaktor.

Über Antonsthal und Breitenbrunn nach Rittersgrün. Im Mittelalter trieb hier das Pöhlwasser viele Hämmer an, die das rohe, unförmige Eisen zu handlicheren Werkstücken verarbeiteten. Heute ist Rittersgrün im Sommer und Winter ein beliebter Urlaubsort, dessen Schmalspur-Museum ein heißer Tipp für Dampflokfans ist.

Ein Stück weiter klinken wir uns auf die Hauptstraße ein, die parallel zur tschechischen Grenze nach Oberwiesenthal wedelt. Einmal rauf auf das Wahrzeichen der Wintersportstadt, den 1215 Meter hohen Fichtelberg, anschließend rollen wir gemächlich entlang der Grenze nach Kühberg zurück. ◀

HOTEL INFOS

UNSER BASISLAGER

Sie sind im Bereich der Motorrad-Hotelerie alte Bekannte und waren damit im Erzgebirge quasi Vorreiter – Mario Langer und seine Frau Jana. Mittlerweile verstärkt durch Sohn Ben und dessen Gattin Romina, lesen sie ihrer motorradfahrenden Kundschaft schon seit Jahren jeden Wunsch von den Augen ab. Der Erfolg gibt den vier sympathischen Sachsen Recht – ihr Motorradhotel Fichtenhäusel ist für einen Urlaub im Erzgebirge eine der ersten Adressen. Denn „motorradfreundlich" ist dort nicht nur ein Wort, sondern ein Versprechen.

Das ruhig und idyllisch am Lauf des Pöhlbachs stehende Haus empfängt den Gast mit gemütlichen und viel Holz ausgestatteten Zimmern, einem wunderschönen Spa-Bereich, einem lauschigen Biergarten direkt am Wasser und der typischen Erzgebirgischen Gastlichkeit. Mario und Ben sitzen selbst sicher im Motorradsattel und kennen ihr Gebirge wie ihren Tankrucksack. Dass sie ihre Geheimtipps verraten ist selbstverständlich, auf Wunsch führen sie ihre Gäste sogar persönlich dorthin.

SPEZIELL FÜR MOTORRADFAHRER

Speziell für Motorradfahrer halten die Langers verschiedene Pauschalangebote bereit – dazu gehören auch verschiedene Rennstreckentrainings. Die zugehörigen Termine und Preise finden sich auf der Homepage.

Ab zwei Übernachtungen im Doppelzimmer oder Appartement kosten 43,00 Euro pro Person / Nacht, im Einzelzimmer ab 49,00 Euro pro Person / Nacht (jeweils inkl. Frühstück & Nutzung Wellnessbereich). Die Halbpension gibt es für zzgl. 13,50 Euro pro Person / Tag. Eine begleitete Tages-Tour (ca. 250 km) gibt es ab 134,00 Euro. Kostenlos sind abgeschlossene Garage, Trockenraum, Schrauberecke und eine Gelegenheit, das Bike zu waschen.

HOTEL

Hotel & Restaurant Fichtenhäusel
am Pöhlagrund
Königswalder Str. 20
09471 Bärenstein, Ortsteil Kühberg
T (03 73 47) 8 02 65
www.fichtenhaeusel.de
GPS 50.51623, 13.04114

Hopfen und Malz, **Gott erhalt’s**

Wusstet Ihr, dass es in Franken 380 Brauereien gibt? Aber auch Weintrinker und Antialkoholiker werden hier ihre Freude haben. Denn mit mehreren Gebirgen gesegnet, ist die Region ein echtes Motorradparadies. Fränkische Alb, Fränkische Schweiz, Steigerwald, Haßberge – Namen, die dem Kenner dieser Landschaften wie Lebkuchen auf der Zunge zergehen. Dort findet er jede Menge verkehrsarmer und kurvenreicher Bergsträßchen vor.

Die reizvolle barocke Anlage Schloss Seehof in Memmelsdorf.

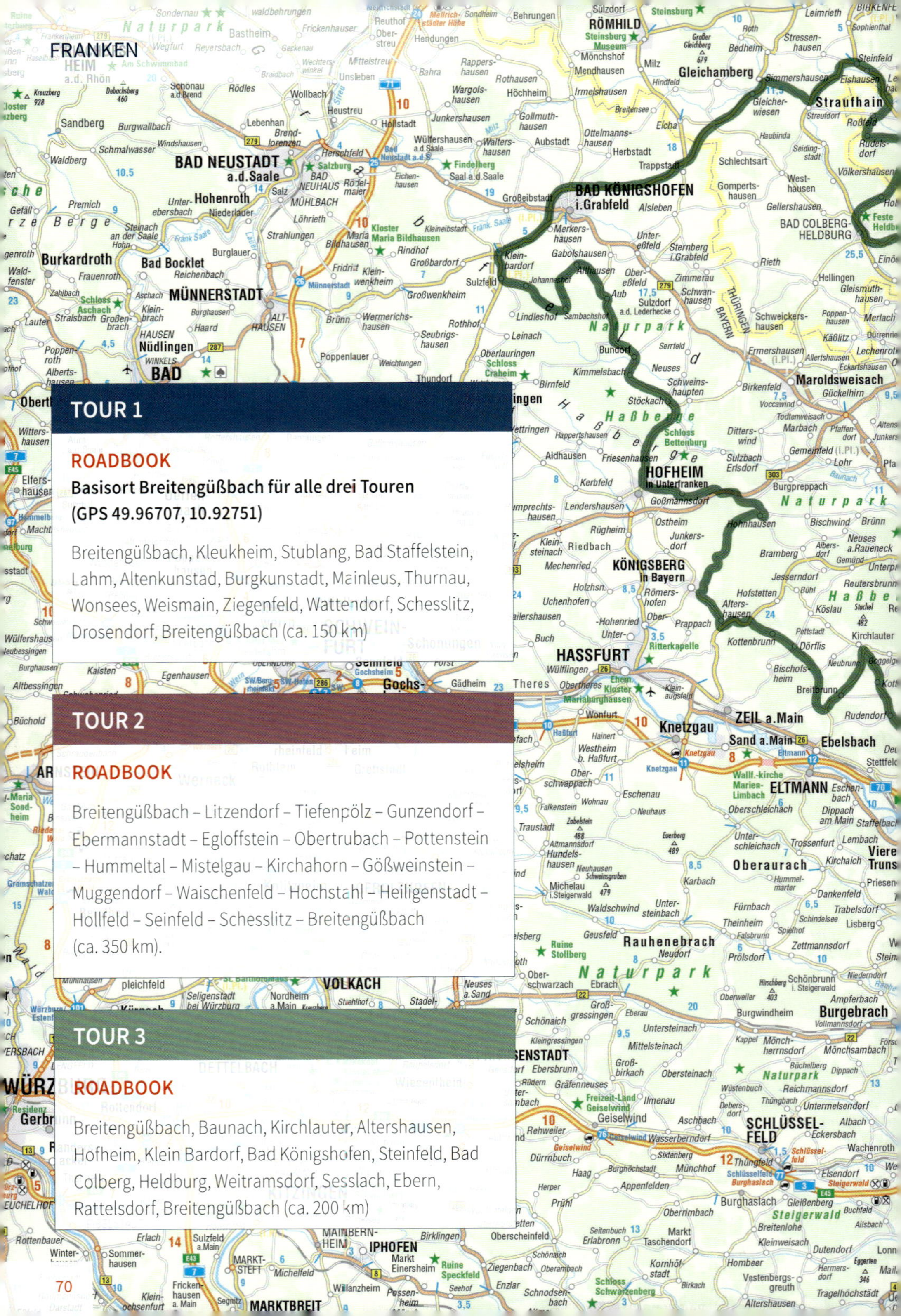

TOUR 1

ROADBOOK

Basisort Breitengüßbach für alle drei Touren (GPS 49.96707, 10.92751)

Breitengüßbach, Kleukheim, Stublang, Bad Staffelstein, Lahm, Altenkunstad, Burgkunstadt, Mainleus, Thurnau, Wonsees, Weismain, Ziegenfeld, Wattendorf, Schesslitz, Drosendorf, Breitengüßbach (ca. 150 km)

TOUR 2

ROADBOOK

Breitengüßbach – Litzendorf – Tiefenpölz – Gunzendorf – Ebermannstadt – Egloffstein – Obertrubach – Pottenstein – Hummeltal – Mistelgau – Kirchahorn – Gößweinstein – Muggendorf – Waischenfeld – Hochstahl – Heiligenstadt – Hollfeld – Seinfeld – Schesslitz – Breitengüßbach (ca. 350 km).

TOUR 3

ROADBOOK

Breitengüßbach, Baunach, Kirchlauter, Altershausen, Hofheim, Klein Bardorf, Bad Königshofen, Steinfeld, Bad Colberg, Heldburg, Weitramsdorf, Sesslach, Ebern, Rattelsdorf, Breitengüßbach (ca. 200 km)

RODACH
SCHALKAU
Frankenblick
SONNEBERG
Wickendorf
Nordhalben
NEUSTADT b.Coburg
Lautertal
Meeder
Föritz
Pressig
Wilhelmsthal
Stockheim
Steinwiesen
RÖDENTAL
Dörfles-Esbach
COBURG
Weitramsdorf
Ahorn
Grub a.Forst
Ebersdorf b.Coburg
Sonnefeld
Mitwitz
KRONACH
Marktrodach
WALLENFELS
Presseck
SESSLACH
Untersiemau
Weidhausen b.Coburg
Redwitz a.d.Rodach
Küps
Weißenbrunn
STADTSTEINACH
Michelau i.OFr.
LICHTENFELS
BURGKUNSTADT
Altenkunstadt
Mainleus
KULMBACH
BAD STAFFELSTEIN
EBERN
WEISMAIN
Ebensfeld
Thurnau
Himmelkron
Neudrossenfeld
Naturpark
Fränkische Schweiz
Veldensteiner Forst
Rattelsdorf
Zapfendorf
Heinersreuth
BAUNACH
HOTEL
Breitengüßbach
Gundelsheim
SCHESSLITZ
HOLLFELD
Memmelsdorf
HALLSTADT
Litzendorf
Eckersdorf
BAMBERG
Mistelgau
Heiligenstadt i.Oberfranken
WAISCHENFELD
Strullendorf
Hirschaid
Buttenheim
Wiesenttal
POTTENSTEIN
EBERMANNSTADT
Gößweinstein
Eggolsheim
Hallerndorf
FORCHHEIM
Adelsdorf
Hausen
Hemhofen
Heroldsbach
Egloffstein
Obertrubach
BETZENSTEIN
Röttenbach

Links und rechts des Mains

Tour 1

Er ist der längste rechte Nebenfluss des Rheins, entspringt als Weißer Main und Roter Main im Fichtelgebirge beziehungsweise in der Fränkischen Alb und mündet bei Mainz in den Rhein. Dazwischen liegen rund 530 Flusskilometer, die zu den schönsten Deutschlands gehören, mit malerischen Fachwerkstädten, grünen Augen und prallen Rebenhängen. Und so haben wir für unsere heutige Halbtagestour die Main-Etappe zwischen Breitengüßbach und Kulmbach ausgesucht.

Bereits der Auftakt ist nach Maß: Auf verkehrsarmen Nebensträßchen geht es quer durch die fränkische Provinz – weg vom Main hinein in die Hügel. Saubere, runde Kurven, griffiger Belag. Passt. Wir nähern uns Bad Staffelstein. Doch bevor wir in das hübsche Kurstädtchen einfahren, steht ein Abstecher zum Berg der Franken auf dem Programm. Dazu biegen wir am Ortseingang von Staffelstein rechts nach Romansthal ab, fahren zu dem Dorf hinauf und stellen dort das Bike auf dem Wanderparkplatz ab. Gepäck und Helme abschließen, dann zu Fuß weiter zum 539 Meter hohen Staffelberg. Die einfache Distanz beträgt eineinhalb Kilometer und ist bequem zu schaffen. Oben wartet ein Hochplateau mit großartiger Aussicht. Schon die Kelten siedelten hier, nach ihnen kamen die Germanen. Berg der Franken wird der Staffelberg wegen seiner Beliebtheit als Ausflugsziel genannt.

Der Kurort Bad Staffelstein im so genannten Gottesgarten: Dort erhebt sich das prunkvolle Kloster Banz auf einem Bergsporn (links) und steht die barocke Wallfahrtskirche Vierzehnheiligen (linke Seite).

Der Gottesgarten

Zurück in Bad Staffelstein, steuern wir das Zentrum an und parken dort das Bike. Denn auch der im so genannten Gottesgarten am Obermain gelege-

Eine Pause am Main gehört zu dieser Tour unbedingt dazu.

ne Kurort hat eine Stippvisite verdient. Linker Hand erhebt sich das prunkvolle Kloster Banz auf einem Bergsporn, rechts steht die barocke Wallfahrtskirche Vierzehnheilige, und in der Mitte fließt idyllisch der Main. Beachtens- und besuchenswert ist der Markplatz mit seinen Fachwerkhäusern.

Nach so viel Kultur tut die folgende Bergetappe auf kurvenreichem Asphalt hinüber nach Burgkunstadt verdammt gut. Da knistert der Motor ganz schön, als das Bike in die alte Schuhmacherstadt hineinrollt. Auch hier ist es wieder der Marktplatz mit seinen tollen Fachwerkhäusern, der den Besucher in den Bann zieht.

Viele Bundesstraßenkilometer dieser Tour folgen dem mächtigem Fluss.

Weißer und Roter Main

Eine Handvoll Bundesstraßenkilometer entlang des Mains folgen, bevor wir in Mainroth einen Schlenker nach links ins Gelände schlagen, den Main anschließend bei Mainleus überqueren und uns sofort wieder auf schmalen Landsträßchen davonmachen. Keine zwei Kilometer von hier fließen übrigens Weißer und Roter Main zusammen. Nächster Halt in Thurnau. Beherrscht wird dessen historischer Kern vom Schloss, der St.Laurentius-Kirche und dem Schlossweiher. Im 13. Jahrhundert errichtet, gehört das stimmungsvolle Schloss Thurnau zu den größten Anlagen dieser Art Frankens, die jemals innerhalb einer Stadt gebaut wurden.

Am Beginn des Kleinziegenfelder Tales liegt das Städtchen Weismain, das wir einige Dutzend weiterer Kurven erreichen. Geprägt wird Weismain von seinen hübschen, zweigeschossigen Fachwerkhäusern, unter denen das Rathaus mit seinem markanten Treppengiebel herausragt. Knapp zehn Kilometer lang ist das Tal, das nun von Weismain nach Ziegenfeld führt. Ein landschaftliches Kleinod mit hohen Kalksteinfelsen, Wacholderhängen, BurgruinenundFachwerkdörfern.Seine Einzigartigkeit hat sich herumgesprochen, und so wundert es nicht, dass hier an sonnigen Wochenenden mehr Motorräder als Autos unterwegs sind.

Über Wattendorf und Stübing erreichen wir Scheßlitz. Prost! Dort stehen gleich drei Brauereien: Drei Kronen, Hoh und Hartmann. Sehenswert ist das ehemalige Zunfthaus der Bierbrauer mit seinem Erker und seinen kunstvollen Fachwerkschnitzereien.

TOUREN-STECKBRIEF

STRECKENLÄNGE
ca. 150 km

DAUER DER TOUR
Halbtagestour

HIGHLIGHTS
Eine Wanderung hinauf zum Staffelberg, zum Berg der Franken. Staffelstein mit seinen Fachwerkhäusern, das mittelalterliche Burgkunstadt, Thurnau und seine innerhalb der Stadtmauern errichtete Schlossanlage. Die Strecke durch das bildhübsche Kleinziegenfelder Tal ist fahrerisch und optisch eine Wucht.

CHARAKTERISTIK
Leichte Tour, für Anfänger perfekt geeignet, führt fast ausschließlich über abgelegene kleine Landsträßchen, schöne Kombination aus fahrerischen und optischen Reizen, lädt zum entspannten Dahingleiten ein.

Lust auf einen Abschluss-Drink? Dann ist der Biergarten im Innenhof der Giechburg genau das Richtige. Sie liegt weithin sichtbar nahe der Straße, die wir für den Rückweg nach Breitengüßbach unter die Räder nehmen. ◀

Dichte Waldgebiete gibt es in Franken auch.

Naturpark Fränkische Schweiz

Tour 2

Von Burg Feuerstein bei Ebermannstadt bietet sich ein weiter Blick hinein in die Ebene um Forchheim (oben).

Das ist eine Ansage: 170 mittelalterliche Burgen, 1000 große und kleine Höhlen, unglaubliche Felsformationen, romantische Mühlen und eine historische Dampfbahn aus den 1960ern. In der Fränkischen Schweiz gibt es also einiges zu entdecken.

Gemächlich fährt sich die Tour warm, erreicht Litzendorf und serviert uns danach die ersten richtigen Kurven. Wir wedeln hinab nach Buttenheim, erhaschen einen Blick auf den Main-Donau-Kanal, nehmen Kurs auf Ebermannstadt (Burg Feuerstein) und freuen uns über die Kurvendichte dieser Landstraße. Wahrzeichen vom nahen Ebermannstadt ist das Wasserrad an der Wiesent. 1606 installiert, schöpfte es das Nass aus dem Fluss in einen Wasserlauf, der als kleiner Bach vom Oberen zum Unteren Tor durch die Stadt floss. Auch besitzt Ebermannstadt einen sehenswerten Marktplatz, gesäumt von altfränkischen Fachwerkhäusern.

Trutzige Burg

Vorbei am Luftkurort Egloffstein, dessen Gebäude wie Schwalbennester an den felsigen Hängen des Trubachtales kleben und das von seiner trutzigen

TOUREN-STECKBRIEF

STRECKENLÄNGE

ca. 350 km

DAUER DER TOUR

Tagestour

HIGHLIGHTS

Ebermannstadt mit seinem Wasserrad und seinem Marktplatz, das Stadtpanorama von Egloffstein, Pottenstein und seine Burg, der Besuch in der beeindruckenden Teufelshöhle, die prachtvolle Basilika von Gößweinstein, die kurvenreiche Strecke von Pottenstein nach Mistelgau, Heiligenstadt mit Marktplatz und Schloss Greifenstein.

CHARAKTERISTIK

Leichte Tour, die man jedoch wegen ihrer Länge nicht unterschätzen darf. Fahrerisch ausgewogen, Kurven alle Art, mal schnell, mal gemütlich. Für die Teufelshöhle sollte man sich viel Zeit nehmen.

Burg überragt wird, kurven wir durch den dicht bewachsenen Veldensteiner Forst, eines der größten geschlossenen Waldgebiete Bayern, und erreichen das erste Highlight der heutigen Tour: Pottenstein. Der schmucke Ort besitzt gleich zwei Attraktionen: die gleichnamige Burg und die Teufelshöhle. Die Burg, nach dem „Stein des Boto" benannt, wurde um 1050 auf einen markanten Felsen gesetzt, ist heute in Privatbesitz und darf besichtigt werden. Zwei Etagen tiefer erwartet den Besucher die größte fränkische Tropfsteinhöhle. Sie ist insgesamt drei Kilometer lang, davon sind 800 Meter begehbar. Zum Abstieg sollte man immer die Motorradjacke mitnehmen, da in der

Die Bärenschlucht bei Pottenstein gilt als bedeutendste prähistorische Fundstätte der Fränkischen Schweiz.

Burg Pottenstein wurde um 1050 auf einen markanten Felsen gesetzt.

Die von Balthasar Neumann gebaute Basilika in Gößweinstein gilt als eine der schönsten Barockkirchen überhaupt.

Teufelshöhle konstante neun bis zehn Grad herrschen.

Zurück im Motorradsattel verlassen wir das „Tal, in dem die Wisente grasen" und steuern auf verkehrsarmen Landstraßen Richtung Norden. Kurvenreich schlängeln sie sich zwischen den Hügeln der Fränkischen Schweiz hindurch. Mistelgau und sein Schloss Truppach tauchen auf. Der Ort hat eine lange politische Odyssee hinter sich: Erst war er fränkisch, dann preußisch, dann französisch und seit 1810 gehört er wie die ganze Region zum Freistaat Bayern.

Zwischen Litzendorf und Tiefenellern warten Kurven und Kehren aller Kaliber.

Aufragende Dolomitfelsen

Durch das romantische Ahorntal gelangen wir nach Gößweinstein. Zwischen hoch aufragenden Dolomitfelsen liegt der kleine Ort malerisch eingebettet. Doch nicht nur deswegen lohnt sich hier ein Stopp – die vom berühmten Baumeister Balthasar Neumann gebaute Basilika gilt als eine der schönsten Barockkirchen überhaupt, und verschlägt einem in ihrer Pracht beim Betreten tatsächlich die Sprache.

Was der folgenden Bundesstraße nicht ganz gelingt. Aber egal – gemächlich legt sich die Maschine in die sanften Bögen, die den Windungen der Wisent folgen. Im Luftkurort Muggendorf wird es kniffelig: Rechts ab, dann gleich wieder rechts bis kurz vor Behringersmühle, dort scharf links und weiter nach Waischenfeld. Klingt kompliziert, ist es aber nicht wirklich.

Lohnt sich aber auf jeden Fall wegen des klasse Sträßchens, das sich in Sachen Kurven nicht lumpen lässt und wegen des Bikertreffs Kathi-Bräu in Aufseß. Erst in Heiligenstadt ist wieder Zeit für eine Pause. Das Städtchen besitzt den wohl kleinsten Ortsteil Frankens – Schloss Greifenstein. Die Familie des Grafen von Stauffenberg wohnt nach wie vor in dem über eine Lindenallee zugänglichen Schloss.

Rund um den 477 Meter hohen Petzberg geht es weiter nach Hollfeld, wo uns die Bundesstraße 22 aufnimmt. Endlich mal wieder ein Stück geradeaus. Oder leider? Ist Geschmackssache. Wir werfen in Hollfeld einen Blick auf den Blauen Turm, ein knallblau gestrichenes Wohnhaus mit Museum und Künstleratelier, und nehmen anschließend die letzten ruhigen Kilometer dieser Runde unter die Räder. ◀

Schloss Seehof der früheren Bamberger Fürstbischöfe (oben). Tüchersfeld ist ein fränkischer Vorzeigeort (unten).

Tour 3 In den Hassbergen

Das fränkische Mittelgebirge bietet grüne Wiesen (oben), aber auch dichte Wälder (unten).

Nein, Hass herrscht dort überhaupt nicht, in diesem rund 500 Meter hohen Mittelgebirge nordwestlich von Bamberg. Im Gegenteil – die Leute, die diesen Teil Unterfrankens bewohnen, sind ein freundlicher, entgegenkommender, gemütlicher Menschenschlag. Weshalb die Hassberge diese irreführende Bezeichnung tragen, ist unklar. Sie könnte vom Stamm der Chatten kommen, deren Namen sich irgendwann in Hessen umwandelte. Egal – zwischen dicht bewaldeten Bergkuppen wuseln unzählige Sträßchen umher und machen aus diesem im Grunde unspektakulären Mittelgebirge eine erstklassige Motorradregion. Kernige Auf- und Abstiege darf man allerdings ebenso wenig erwarten wie heiße Serpentinen. Wer jedoch auf rhythmisches, harmonisches Kurvenschwingen steht, der ist in den Haßbergen genau richtig.

Unzählige Kurven

Die präsentieren sich auf den ersten Kilometern unserer Tour gleich von ihrer besten Seite und legen uns ein Landsträßchen vors Vorderrad, das sich in unzähligen Kurven von Breitengüßbach nach Baunach und weiter Richtung Königsberg kringelt. In Baunach werfen wir im Vorbeifahren einen Blick auf den historischen Marktplatz mit seinen Fachwerkhäusern, in Königsberg klappen wir den Seitenständer aus. Zu schön ist die romantische Kleinstadt, fast wie aus dem Bilderbuch. Das Fachwerkensemble ihrer historischen Altstadt ist von europäischem Rang und wurde bisher glücklicherweise vom großen Touristenstrom verschont. Wegerich und Krähenfuß sprießen aus Pflasterfugen, Weinspaliere ranken sich an Fassaden hoch.

TOUREN-STECKBRIEF

STRECKENLÄNGE
ca. 200 km

DAUER DER TOUR
Halber bis dreiviertel Tag.

HIGHLIGHTS
Die historische Altstadt von Königsberg ist ein echter Knüller. In Bad Königshofen darf man in der Trink- und Wandelhalle das Heilwasser kosten. Auf der Veste Heldburg wartet das Deutsche Burgenmuseum. Seßlach hat die Bezeichnung Oberfränkisches Rothenburg mehr als verdient. Die Etappe von Hofheim nach Bad Königshofen macht Laune.

CHARAKTERISTIK
Leichte Tour, lässt sich als flotte Halbtages- oder als gemütliche Dreivierteltagestour fahren. Besichtigungen halten sich in Grenzen. Der Schwerpunkt der Runde liegt beim Fahren. Passt für Könner und Einsteiger.

Zwei Heilquellen

Weiter über Hofheim nach Bad Königshofen. Schmale Fahrbahn, Hügel rauf, Hügel runter, sauber gezogene Kurven. Auch in Hofheim stehen reizvolle Fachwerkfassaden zusammen mit trutzigen Türmen, während in dem Kurstädtchen Bad Königshofen die Stadtpfarrkirche Maria Himmelfahrt und das wunderschöne Rathaus zur Besichtigung einladen. Zwei um 1900 angebohrte Heilquellen entspringen in Bad Königshofen. Probie-

Die Straßen in diesem Teil Frankens sind meist im besten Zustand.

Die Etappe zwischen Sesslach und Ebern macht Kurventräume wahr.

ren kann man das gesunde Wasser in der Trink- und Wandelhalle neben der Franken-Therme. Na dann – wohl bekomm's!

Während das Heilwasser noch im Magen gluckert, geht es auf breiten Asphalt entspannt aus Bad Königshofen hinaus und hinüber nach Thüringen. Den Hassbergen ist der Wechsel der Landesgrenzen schnuppe, sie behalten ihr hügeliges motorradfreundliches Profil bei. Heldburg und seine markante, weithin sichtbare Veste tauchen auf. Im 16. Jahrhundert im Stil der Renaissance errichtet, überragt sie auf ihrem bewaldeten Vulkankegel die ganze Region. Nach dem Zweiten Weltkrieg zogen auf der Veste die Russen ein, 1982 machte man ein Kinderheim aus ihr. In den letzten Jahren wurde die Anlage renoviert und beherbergt seit 2016 das Deutsche Burgenmuseum, das die spannende Geschichte des Burgenbaus zeigt.

Zu Recht wird das idyllische mittelalterliche Städtchen Seßlach Oberfränkisches Rothenburg genannt.

Historisches Zentrum

Über Weitramsdorf geht es nach Seßlach. Dass das mittelalterliche Städtchen gerne Oberfränkisches Rothenburg genannt wird, kommt nicht von ungefähr – sein von einer Stadtmauer umgebenes historisches Zentrum quillt quasi über vor wunderschönen mittelalterlichen Fachwerkgebäuden. Kaum weniger hübsch präsentiert sich einige Kurvenkilometer weiter die Altstadt von Ebern mit ihren ehemals neun Stadttürmen, von denen immerhin noch vier stehen. Hinter Ebern trifft die Route auf die Ilz und läuft gemächlich Richtung Breitengüßbach aus. ◄

HOTEL INFOS

UNSER BASISLAGER

Betritt man den Gasthof Rieneck im Breitengüßbacher Ortsteil Zückshut, steigt das Wohlbefinden bereits um einige Striche auf der Skala. Wohnliches Mobiliar, entspannte Stimmung, freundlicher Service. Man merkt, dass man als Motorradfahrer ehrlich willkommen ist. Schüttelt man dann noch Chef Günther Reitz zur Begrüßung die Hand, weiß man: Alles wird gut. Der gemütliche Franke ist einer dieser Art Menschen, denen man ohne nachzudenken alle Internetpasswörter und den Zahlencode fürs Bankkonto anvertrauen würde. Die Ruhe, die er ausstrahlt, überträgt sich sofort auf den Gast, und schon nach wenigen Minuten ist dieser im Urlaubsmodus angelangt.

Der Gasthof ist seit 1858 in Familienhand, was ein Auszug aus dem Grundsteuer-Kataster beim königlichen Landgericht Scheßlitz beweist. In den vergangenen Jahrzehnten unterlag er einer stetigen Modernisierung; die letzte erfolgte 2016 mit der Renovierung und Neueinrichtung der acht Doppel-, zwei Dreibett- und einem Einzelzimmer. Die Preise: Das Doppelzimmer pro Person mit Frühstück beginnt bei 33,00 Euro, das Einzelzimmer bei 38,00 Euro, bei Halbpension sind es 45,00 und 50,00 Euro.

SPEZIELL FÜR MOTORRADFAHRER

Dass sich BMW-Fahrer Günther auf den Sträßchen seiner Umgebung bestens auskennt, ist ebenso selbstverständlich wie die Tatsache, dass er seine

Geheimtipps in Form von ausgearbeiteten Touren sehr gerne an seine Motorradklientel weitergibt. Für deren Motorräder hält er natürlich auch eine sichere Garage, Kompressor, Schrauberecke und auch einen Hochdruckreiniger bereit. Auf nasse Klamotten wartet ein Trockenraum. Für 99,00 Euro im Doppel- und 114,00 Euro im Einzelzimmer kann man zudem das Midweek-Special buchen. Es gilt von Montag bis Freitag und beinhaltet vier Übernachtungen mit Frühstück, Garage plus Tourenkarte.

HOTEL

Gasthof Rieneck

Hauptstr. 36, 96149 Breitengüßbach/Zückshut

T (0 95 44) 24 46

www.gasthof-rieneck.de

GPS 49.96707, 10.92751

Auf den **Spuren der Hexen**

Die Hexen wissen ganz genau, wo sie ihre Besen am besten fliegen lassen können. Denn jedes Jahr zur Walpurgisnacht vom 30. April auf den 1. Mai treffen sie sich auf den Hügeln und Bergen des Harzes. Wir Motorradfahrer brauchen es ihnen also nur nachzutun. Und werden dabei garantiert nicht enttäuscht, denn Deutschlands nördlichstes Mittelgebirge wartet mit allem auf, was des Motorradfahrers Herz lauter schlagen lässt: Markante Höhenunterschiede, Kurven ohne Ende, schmale einsame Bergpfade zum Gasgeben ebenso so wie gut ausgebaute Landstraßen zum Bummeln.

Mitten hinein in den Nationalpark Harz.

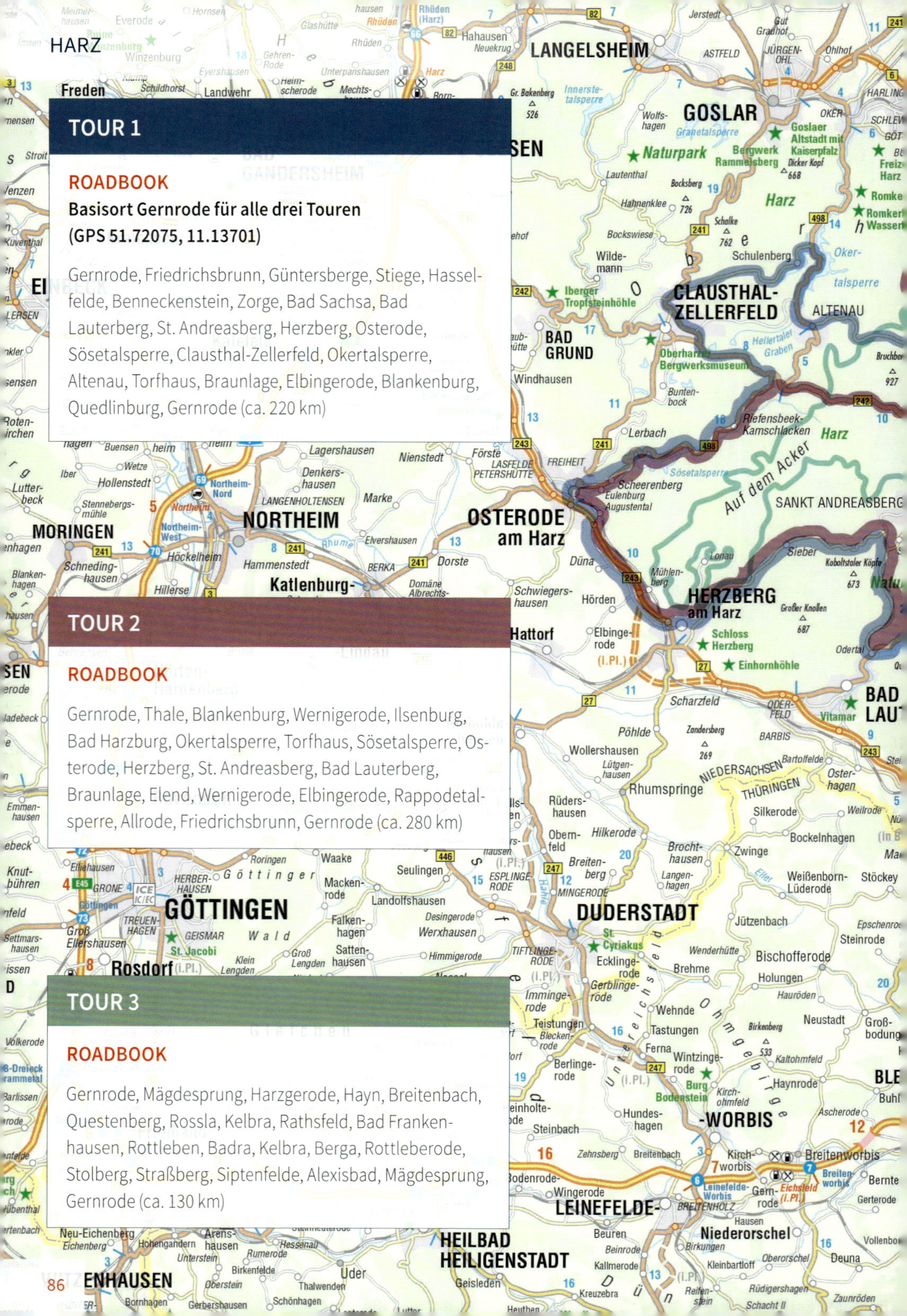

TOUR 1

ROADBOOK

Basisort Gernrode für alle drei Touren (GPS 51.72075, 11.13701)

Gernrode, Friedrichsbrunn, Güntersberge, Stiege, Hasselfelde, Benneckenstein, Zorge, Bad Sachsa, Bad Lauterberg, St. Andreasberg, Herzberg, Osterode, Sösetalsperre, Clausthal-Zellerfeld, Okertalsperre, Altenau, Torfhaus, Braunlage, Elbingerode, Blankenburg, Quedlinburg, Gernrode (ca. 220 km)

TOUR 2

ROADBOOK

Gernrode, Thale, Blankenburg, Wernigerode, Ilsenburg, Bad Harzburg, Okertalsperre, Torfhaus, Sösetalsperre, Osterode, Herzberg, St. Andreasberg, Bad Lauterberg, Braunlage, Elend, Wernigerode, Elbingerode, Rappodetalsperre, Allrode, Friedrichsbrunn, Gernrode (ca. 280 km)

TOUR 3

ROADBOOK

Gernrode, Mägdesprung, Harzgerode, Hayn, Breitenbach, Questenberg, Rossla, Kelbra, Rathsfeld, Bad Frankenhausen, Rottleben, Badra, Kelbra, Berga, Rottleberode, Stolberg, Straßberg, Siptenfelde, Alexisbad, Mägdesprung, Gernrode (ca. 130 km)

Osterwieck Vienenburg-Süd
Dreieck Vienenburg
Lochtum
Abbenrode
Bettingerode
Westerode
Schauen
Wasserleben
Odorf
Veckenstedt
Stapelburg
Schmatzfeld
Zilly
Sonnenburg
Athenstedt
Aspenstedt
Langeln
Mulmke
Danstedt
Heudeber
Ströbeck
Sargstedt
Neu Runstedt
Sargstedter Siedlung
Groß Quenstedt
Klein Quenstedt
Emersleben
Vorwerk Emersleben
Klein Gröningen
St. Vitus
Deesdorf
Dom zu Halberstadt
HALBERSTADT
Wehrstedt
B. Lehmann Museum
WEGELEBEN
Adersleben
Rodersdorf
Bode
BAD HARZBURG
ILSENBURG
Märchenwald Harz
Zwißelkopf 588
Drübeck
Darlingerode
Altenrode
Reddeber
Minsleben
Silstedt
Derenburg
Mahndorf
Böhnshausen
Spiegelsberge 180
Wilhelmshöhe
Langenstein
Klussiedlung
Harsleben
Heidberg 212
Münchenhof
Ditfurt
Ecker Stausee
Brocken 1142
WERNIGERODE
Schloss Wernigerode
Benzingerode
Nöschenrode
Hasserode
Heimburg
Ruine Regenstein
Gedenkstätte Langenstein-Zwieberge
Börnecke
Siedlung Gehren
Westerhausen
QUEDLINBURG
Michaelstein
Nationalpark
Harzer Hexenstieg
Drei Annen Hohne
Ortberg 549
Achtermannshöhe 925
Wurmberg 971
Schierke
Elbingerode
Rübelandbahn
BLANKENBURG
Timmenrode
Cattenstedt
Hüttenrode
Bornholz Wegsiedlung
Schloss Quedlinburg
Warnstedt
Altstadt
Quedlinburger Dom
Morgenrot
Weddersleben
Quarmbeck
Gersdorfer Burg
Asmusstedt
Rübeland
Kreuztal
Neuwerk
Wienrode
Benneckenrode
THALE
Neinstedt
Rieder
Schloss Ballenstedt
BRAUNLAGE
Elend
Königshütte
Rauher Jacob 568
Rappbode-Stausee
Rosstrappe
Bergtheater
Stecklenberg
Bad Suderode
Gernrode
HOTEL
Hoppelberg 507
Altenbrak
Bodetal
Hexentanzplatz
Treseburg
Glashüttenkopf 479
Viktorshöhe 582
BALLENSTEDT
Mansfelder
Oderhaus
Harz
Warme Bode
Tanne
Sorge
Pullman City II
HASSELFELDE
Trautenstein
Friedrichsbrunn
Selketalbahn
Hammer
Falkenstein
Vorderer Ebersberg 684
Hohegeiß
BENNECKENSTEIN
Rotacker
Stiege
Allrode
Bärenrode
Mägdesprung
Burgruine Anhalt
Stöberhai 714
Leckenkopf 547
Albrechtshaus
GÜNTERSBERGE
Siptenfelde
Alexisbad
Hänichen
HARZGERODE
Zorge
Wieda
Großer Ehrenberg 634
Rothesütte
Sophienhof
Friedrichshöhe
Breitenstein
Molmerswende
Silberhütte
Großer Staufenberg 554
Sülzhayn
Christianenhaus
Straßberg
Neudorf
Königerode
Kloster Walkenried
ELLRICH
Netzkater
Birkenkopf 600
Poppenberg 600
Naturpark
Dankerode
Braunschwende
Walkenried
Werna
Appenrode
Ilfeld
Wiegersdorf
Schloss Stolberg
Großer Auerberg 579
Hayn
Neuhof
Obersachswerfen
Hohnstein
Neustadt
STOLBERG
Altstadt
Schwenda
Karlsrode
Wolfsberg
Paßbruch
Wipper
Branderode
Klettenberg
Gudersleben
Woffleben
Osterode
Harzungen
Herrmannsacker
Rodishain
Breitenbach
Rotha
Horla
Liebenrode
Holbach
Mauderode
Hörningen
Niedersachswerfen
Buchholz
Hohenstein
Günzerode
Herreden
Krimderode
Rüdigsdorf
Petersdorf
Stempeda
Dietersdorf
Harz
Morungen
Pützlingen
Werther
Kleinwechsungen
Salza
NORDHAUSEN
Steigerthal
Rottleberode
Breitungen
Hainrode
Großleinungen
Friedrichsthal
Etzelsrode
Haferungen
Hesserode
Himmelgarten
Leimbach
Uftrungen
Questenberg
Kleinleinungen
Königsthal
Immenrode
Großwechsungen
Bielen
Urbach
Agnesdorf
Dittichenrode
Drebsdorf
Bliedungen
Helenenhof
Kehmstedt
Nordhausen-West
Kleinwerther
Großwerther
Dom zu Nordhausen
Sundhausen
Heringen
Rosperwenda
Berga
Roßla
Wickerode
Wallhausen
Lipprechterode
Wipperdorf
Steinbrücken
Windehausen
Görsbach
Bösenroda
Bennungen
Hohlstedt
Brücken
Sangerhausen
Schate
Nordhausen Süd
Mörbach
Uthleben
HERINGEN
Thürungen
Sittendorf
Bleicherode-Ost
Pustleben
Wollersleben
KELBRA
Rothenburg
Burg Kyffhausen
Tilleda
Hackpfüffel
Riethnordhausen
Bleicherode
Elende
Nohra
Hain
Hamma
Talsperre Kelbra
Kulpenberg 474
Königspfalz Tilleda
Kyffhäuserdenkmal
Niedergebra
Großlohra
Obergebra
Hainrode (Hainleite)
Hühnstein
Wolkramshausen
Rüxleben
Kleinfurra
Paßberg 353
Auleben
Badra
Kyffhäuser
Schloss Rathsfeld
Steinthaleben
Wernrode
Schacht Immenrode
Erlebnisbergwerk
Großfurra
Schersen
Windleite
Rathsfeld
Ichstedt
Friedrichsrode
Kleinberndten
Straußberg
Stockhausen
Marienhall
Schloss Sondershausen
SONDERSHAUSEN
Bendeleben
Barbarossahöhle
Udersleben
Ringleben
Immenrode
Jechaburg
Rottleben
Panorama Museum
Dietenborn
Großberndten
Hainleite
Bebra
Possen
Jecha
Berka
BAD FRANKENHAUSEN
Espe
Holzthaleben
Hachelbich
Göllingen
Helbedündorf
Großbrüchter
Himmelsberg
Naturpark
Wipper
Seehausen
Seega

Tour 1 Sorge und Elend

Unser Startort Gernrode liegt am Nordrand des Ostharzes in reizvoller Hanglage am Fuß des Stubenbergs. Die Endung „rode" weist darauf hin, dass die Gründer des Ortes zuerst einen Wald roden mussten, bevor sie mit dem Bau von Häusern beginnen konnten. Gernrodes Wahrzeichen ist die weithin sichtbare, über tausend Jahre alte Stiftskirche St. Cyriakus mit ihren beiden spitzen, hellgrün bedachten Türmen. Sie wurde um 900 errichtet und gilt damit als eine der ältesten Kirchen Norddeutschlands.

Deutlich jünger, dafür landschaftlich reizvoll und kurventechnisch höchst interessant, ist die erste Etappe über Friedrichsbrunn, Güntersberge und Stiege hinüber nach Hasselfelde, wo man in der Westernstadt Pullman City den Motorradsattel mit dem Pferdesattel tauschen kann. Die Besucher finden die Shows klasse. Was allerdings die Pferde davon halten, die völlig gegen ihre Natur zur Zuschauerbespaßung durch Pullmann City gehetzt werden, hat – außer Tierschützern – wohl noch niemand so genau hinterfragt.

Halt beim Oberharzer Kettensägenschnitzer in St. Andreasberg.

Ein für uns Biker artgerechterer, weil schräglagenintensiver Schlenker befördert uns hinauf nach Benneckenstein, das nahe des Brockens – umgeben von Bergwiesen – auf einer Hochebene liegt. Für Eisenbahnfreunde dürfte das Bahnhofsmuseum interessant sein, das die Geschichte der 1899 eröffneten Harzer Schmalspurbahn darstellt, die auf ihrem Weg zum Brocken auch in Benneckenstein hält.

Edel-Destille

Danach geht es weiter nach Hohegeiß und Zorge, wo man in der Destille Hammerschmiede edel Gebranntes probieren, oder besser: ins Topcase packen kann. Weiter über Walkenried und Bad Sachsa nach Bad Lauterberg. Das älteste Wasserheilbad Norddeutschlands besitzt eine hübsche kleine Altstadt und einen romantischen Kurpark mit uralten Bäumen. Aufgepasst: Die Weiterfahrt nach

TOUREN-STECKBRIEF

STRECKENLÄNGE
ca. 220 km

DAUER DER TOUR
Tagestour

HIGHLIGHTS
Das hübsch gelegene Benneckenstein und sein Dampflokmuseum, der von Fachwerkhäusern gesäumte Marktplatz von Osterode, Clausthal-Zellerfeld und seine gemütliche Altstadt, der Kult-Motorradtreff Torfhaus und der Brockenblick, die kernige Strecke von Bad Lauterberg nach Herzberg.

CHARAKTERISTIK
Mittelschwere Tour, bietet eine gute Abwechslung zwischen sportlichen Kurvenstrecken und entspannten Gleitetappen. Eignet sich perfekt für den ersten Kontakt mit der Motorradregion Harz.

Die ganzjährig aufgebaute Weihnachtspyramide in Zorge.

Im Frühjahr erblühen die Wiesen rund um St. Andreasberg in den buntesten Farben.

Herzberg findet nicht auf der ab hier vierspurig ausgebauten Bundesstraße statt, sondern beschert uns mit der Bergstraße hinauf nach St. Andreasberg ein Kurvenerlebnis erster Klasse.

Eigenwillige Architektur

Hoch über Herzberg thront das 950 Jahre alte Welfenschloss, das mit seiner eigenwilligen Fachwerkarchitektur als eines der ganz besonderen Harzer Schlösser gilt. Fachwerk gibt es auch in Osterode. Und zwar jede Menge. Die historische Altstadt mit dem reizenden Kornmarkt, den vielen Kirchen und Straßencafés ist der perfekte Platz für die erste große Pause dieser Runde. Auch in Osterode musste zuerst kräftig „gerodet" werden, bevor die ersten Häuser entstanden. Die B 498 führt aus Osterode hinaus an der Sösetalsperre vorbei in die Höhen des Oberharzes hinein. Aber was heißt im Harz schon Bundesstraße – das Kurvenfeuerwerk, das die B 498 abbrennt, lässt so manche Passstraße alt aussehen. Ehrlich!

Einen interessanten Charakter weist Clausthal-Zellerfeld auf. Die einzige Universitätsstadt des Harzes vereint die Tradition des Bergbaus mit den Errungenschaften der Moderne und schafft so eine reizvolle Verbindung zwischen Alt und Neu.

Eine Stippvisite wert ist hier auf jeden Fall der große Marktplatz und die St. Salvatoris-Kirche, beide umrahmt von schönen Bürger- und Bergmannshäusern. Nächste Station Torfhaus. Den Kult-Motorradtreff im Harz erreichen wir über Altenau auf einer knackigen Bergstrecke. Der höchste offiziell anfahrbare Punkt im Harz begeistert durch seinen Brockenblick und sein breites kulinarisches Angebot. Ungelogen: An schönen Tagen reicht für die Einspurigen selbst der große Parkplatz nicht aus.

Weiter nach Elend

Über Braunlage, einen der ältesten Wintersportorte Deutschlands, gelangen wir nach Elend, dessen Name wie schon zuvor in Sorge treffend die Umstände der ersten Besiedlung des Harzes schildert. Der Satz „gut über den Winter kommen“ hatte damals lebenswichtige Bedeutung. Wie auch immer – wir kommen hinter der alten Bergbaustadt Elbingerode auf kurvenreichem Asphalt gut über die Harzhöhen und hinab nach Blankenburg. Schloss, Park, Gärten, historische Altstadt, herrschaftliche Villen – zum Schluss der Freitagstour drängt sich ein Bummel zu Fuß durch die hübsche Stadt im Harzvorland geradezu auf. ◂

Torfhaus: Am bekanntesten Bikertreff im Harz wartet ein traumhafter Blick zum Brocken.

Tour 2 Allererste Sahne

Die Damen und Herren der UNESCO, die die Erhebung von Baudenkmälern in den Stand eines Weltkulturerbes bestimmen, sind in Sachen Kultur und Schönheit sicher verwöhnt. Dennoch waren sie von der historischen Altstadt Quedlinburgs, die wir gleich nach dem Start erreichen, dermaßen beeindruckt, dass sie den Stadtkern mit seinen rund 800 Häusern als „außergewöhnliches Beispiel für eine mittelalterliche europäische Stadt" bezeichneten. Quedlinburgs Wahrzeichen. Die auf einem Sandsteinfelsen über der Altstadt aufragende Stiftskirche St. Servatius erachteten sie gar als „architektonisches Meisterwerk der Romanik".

Die Altstadt Quedlinburgs ist ein außergewöhnliches Beispiel für einen perfekt erhaltenen mittelalterlichen Stadtkern.

Bei so vielen Vorschusslorbeeren darf ein Spaziergang durch Quedlinburg natürlich nicht fehlen, auch wenn der Motor noch weit von seiner Betriebstemperatur entfernt ist und Mensch samt Bike vielleicht noch ein wenig schläfrig sind.

Der Hexenplatz

Danach heißt es allerdings: alle Antennen auf Empfang! Denn ab Bad Suderode geht es auf schmalem, äußerst kurvenreichem Asphalt Richtung Friedrichsbrunn und kurz vor dem Ort rechts ab hinauf nach Thale. Ob die Hexen auf ihren Besen in der Walpurgisnacht denselben Tanz aufführen wie wir gerade im Motorradsattel? Sehr wahrscheinlich. Nicht umsonst wird die hoch über Thale stehende Felsenklippe „Hexentanzplatz" genannt. Schon die alten Germanen hielten dort oben ihre Kultveranstaltungen ab.

TOUREN-STECKBRIEF

STRECKENLÄNGE
ca. 280 km

DAUER DER TOUR
Tagestour

HIGHLIGHTS
Quedlinburg ist selbst für den mit Fachwerkstädten üppig ausgestatteten Harz etwas ganz Besonderes. Ein Traum sind die beiden Strecken hinauf nach Thale und von Altenbrak nach Friedrichsbrunn. Der Stopp beim „Windbeutelkönig" an der Okertalsperre ist ebenso ein Muss wie der Halt an der Rappbodesperre.

CHARAKTERISTIK
Mittelschwere Tour, die wegen ihrer Länge, ihrer vielen Kurven und ihrer enormen Höhenunterschiede ganz schön an die Substanz geht. Man sollte deshalb immer wieder eine Pause einlegen und Konzentration schöpfen.

Gut gelaunte Hexen stürmen alljährlich den Harz.

Ein Teil des Harzes ist Nationalpark.

Die folgenden Kilometer nach Blankenburg und Wernigerode bringen wieder etwas Ruhe ins Fahrwerk. Zeit für zwei Stippvisiten. In Blankenburg wegen dem barocken Kleinen Schloss, dem Renaissance-Rathaus und der romanischen Kirche, in Wernigerode wegen diesem einzigartigen Stadtbild mit seinen prächtigen Fachwerkhäusern und kunstvollen Schnitzereien. Beim Stadtbummel kann man sich Gedanken über die interessante Frage machen, ob in dem während der letzten Kilometer durchquerten Ort Benzingerode tatsächlich so viele Benzingespräche geführt werden.

Weite Ausblicke

Lässig gleiten wir am Nordrand des Harzes entlang, genießen die lang gezogenen Kurven ebenso wie die weiten Ausblicke in die Ebene. Im schmucken Kurstädtchen Bad Harzburg verlassen wir den Motorradsattel eine Weile und steuern zu Fuß die Wandelhalle der Sole-Therme an. In dem im 19. Jahrhundert erbauten Gebäude schießt das Mineralwasser direkt aus der Erde in den Wasserhahn und darf verkostet werden. So kommen wir Schluck für Schluck zu mehr Gesundheit.

Die malerische Okertalsperre hat sich zum Motorradtreff entwickelt.

Der Stopp am stets gut besuchten Bikertreff an der Rappode-Talsperre ist ein Muss.

Auf der unerwartet kurvigen Bundesstraße 498 erklimmt die Route wunderbar verschlungen wieder die Harzhöhen und peilt die Oker- und die Sösetalsperre an. Der Bikertreff am Okerstausee kommt gerade recht, um Mensch und Maschine nach den vielen Kurven eine Pause zu gönnen. Den möglicherweise abgesackten Blutzuckerspiegel holt man sich am einfachsten mit einem Mega-Windbeutel vom Café Windbeutelkönig zurück.

Ob groß oder klein, süß oder herzhaft – die 40 verschiedenen, extrem leckeren Brandteig-Sahne-Bomben lassen den Blutzucker nach oben schnellen und sorgen für bestes Reaktionsvermögen beim anschließenden Kurvenzauber über Altenau, Torfhaus und die Sösetalsperre hinab nach Osterode.

Nach einem ruhigen Zwischenstück geht es danach von Herzberg hinauf nach St. Andreasberg und wieder hinab nach Bad Lauterberg gleich wieder in die Vollen.

Passendes Timing

Die entspannte Streckenführung der B 27 kommt hinterher gar nicht so ungelegen. Ist doch ganz schön Kräfte zehrend, diese dauernde Kurverei. Aber keine Angst – zwischen Elend, Wernigerode und Elbingerode bekommen die Angstnippel unter den Fußrasten wieder Kontakt zur Fahrbahn. Was beim anschließenden Stopp am Bikertreff Rappbode-Talsperre Punkte bringt. Kurze Verschnaufpause, und sofort sind wieder ein gutes Auge und das passende Timing von Bremsen, Kuppeln, Schalten und Gasgeben gefordert. Altenbrak, Treseburg und Allrode fliegen vorbei, hinter Friedrichsbrunn eine Handvoll letzter Kehren, dann kommt Gernrode in Sicht. ◀

Tour 3 Des Kaisers Kurven

Wir verlassen Gernrode Richtung Süden und kommen durch den Ort Mägdesprung. Der hat seinen Namen aus einer Sage, in der auf den Höhen des Selketales eine Jungfrau einen kühnen Sprung über den Fluss wagte, um auf der anderen Seite ihre Freundin zu treffen.

Harzgerode hingegen heißt so, weil – wir kennen das schon aus Tour 1 – vor der Gründung der alten Silberstadt um das Jahr 1000 zuerst der damals noch dichte Harzwald gerodet werden musste.

Verlief die Strecke bisher recht gemächlich, zieht sie ab sofort andere Saiten auf und wuselt zwischen den Erhebungen des Unterharzes hindurch zuerst nach Hayn und von dort weiter nach Questenberg. Zwischen steilen Felsen im Tal der Nasse gelegen, wird das sympathische Städtchen von den Ruinen der mittelalterlichen Questenburg überragt. Ungewöhnlich für einen so kleinen Ort ist die Rolandsstatue als Zeichen des Marktrechts und der eigenen Gerichtsbarkeit. Da hatten die Questenberger bei ihrem Fürsten wohl einen Stein im Brett.

Der kleine Ort Questenberg besitzt eine ungewöhnlich große Rolandsfigur.

Bei Rossla verlässt die Route den Harz, quert die von der Helme durchflossene Goldenen Aue und visiert Kelbra an. Am Nordhang des Kyffhäusergebirges gelegen, blickt die Stadt auf eine lange Geschichte zurück. Kein Wunder, dass diverse Sehenswürdigkeiten den Stopp und das Verlassen des Motorradsattels geradezu erzwingen. So sollte man sich auf jeden Fall die Reste des 1525 zerstörten Zisterzienserklosters, den Rittersitz Storkauer Hof, das Rathaus und die St. Georgie-Kirche anschauen.

TOUREN-STECKBRIEF

STRECKENLÄNGE
ca. 130 km

DAUER DER TOUR
Halbtagestour

HIGHLIGHTS
Die mittelalterliche Stadt Questenberg und ihre Rolandsstatue, Kelbra mit seinen zahlreichen historischen Sehenswürdigkeiten, der legendäre Motorradtreff auf dem Parkplatz des Kyffhäuserdenkmals, ein Bummel durch das reizende Stolberg. Fahrerischer Höhepunkt ist die alte Bergrennstrecke in den Kyffhäuser hinein.

CHARAKTERISTIK
Leichte Tour, macht Anfängern und Könnern gleichermaßen Spaß. Ausgewogene Streckenführung, vernünftige Straßen, abwechslungsreiche Landschaft. Bietet viel Fahrspaß auf relativ kurzer Distanz.

Ehemalige Rennstrecke

16 Kilometer lang ist die folgende Strecke nach Bad Frankenhausen. Genauer gesagt, ist das eine ehemalige Bergrennstrecke. Deshalb versprechen diese 16 Kilometer Fahrspaß pur. Griffiger Belag, gute Übersicht, knackige Steigungen und Gefälle, 36 Kurven. Geradeaus – was ist das? Dass diese

Der Zug hat Vorfahrt.

Historische Altstadt von Stolberg (oben).

Etappe in Motorradfahrerkreisen einen legendären Ruf genießt, überrascht nicht. Ebenso wenig, dass deshalb der 439 Meter hoch liegende Parkplatz am Kyffhäuserdenkmal zu einem der beliebtesten Bikertreffs im Osten geworden ist. Erbaut wurde das Reiterstandbild Kaiser Wilhelms I. im Jahr 1896 auf dem Gelände einer ehemaligen Reichsburg.

Vier Täler

Hinter Bad Frankenhausen und seinen Solequellen schlägt die Route einen Bogen über Rottleben und Badra, kommt erneut durch Kelbra und peilt das reizende Fachwerkstädtchen Stolberg an. 380 Gebäude sind es genau, die das in vier Tälern eingebettete Stolberg so einzigartig machen. Hübscher kann ein Ort für den letzten Pausenstopp des Tages nicht liegen. Danach schüttelt man die letzte Schleife über Strassberg und Silberhütte zurück nach Gernrode locker aus dem Handgelenk. ◂

HOTEL INFOS

UNSER BASISLAGER

Den 2. Dezember 2012 werden das Ehepaar Henry und Christine Keilwitz wohl nie vergessen. An diesem Tag eröffneten die beiden nach einem Jahr umfangreicher Bau- und Renovierungsarbeiten ihr neues Motorradhotel Stubenberg. Neu, weil sie davor bereits einige Jahre lang die Pension Gegenstein in Ballenstedt betrieben. Mit umgezogen sind die Herzlichkeit von Henry und Christiane, ihr Engagement für den Gast und ihre Begeisterung fürs Motorradfahren. Was wünscht man sich für einen Motorradurlaub im Harz noch mehr? Ausgearbeitete Tourentipps stehen ebenso zur Verfügung wie Garage, Trockenraum, Schrauberecke und Anhängerstellplätze. Wer unterwegs liegen bleibt, wird zurückgeholt. Gerne fährt Henry an der Spitze einer Gästegruppe und zeigt dieser sowohl verträumte Schleichwege als auch eher sportliche Strecken.

Das neue Domizil der Keilwitzens wurde 1754 als Jagd- und Lustschloss von Fürst Victor von Anhalt Bernburg erbaut, 1914 abgerissen und nach altem Vorbild neu errichtet. Dazwischen beherbergte es berühmte Persönlichkeiten wie den Maler Caspar David Friedrich, den Dichter Wolfgang von Goethe, seinen Kollegen Theodor Fontane und den Politiker Otto von Bismarck. Hätten die damals schon in so wunderschönen Zimmern gewohnt wie die heutigen Gäste, wären sie glücklich gewesen. Denn Henry und Christiane haben bei der Renovierung wirklich ganz Arbeit geleistet und Wohnräume geschaffen, in denen man sich pudelwohl fühlt.

SPEZIELL FÜR MOTORRADFAHRER

Die Übernachtung mit Frühstück gibt es ab 40,00 Euro pro Person, für Halbpension kommen je 10,00 Euro dazu. Das Wochenangebot beinhaltet fünf Übernachtungen mit Halbpension (ab 200,00 Euro), das Sieben-Tage-Angebot sieben Übernachtungen mit Halbpension (ab 300,00 Euro).

HOTEL

Hotel Stubenberg
Stubenberg 1, 06485 Gernrode
T (03 94 85) 91 91 51
www.hotel-stubenberg.de
GPS 51.72075, 11.13701

Im Land der **Flüsse und Stauseen**

Geografisch gesehen knüpfen Hessisches Bergland und Ederbergland nahtlos an das Sauerland an. Deshalb glänzen diese beiden hügeligen Regionen im Norden Hessens mit denselben fantastischen Motorradstrecken. Zahlreiche Höhenrücken werden von Flüssen getrennt, was für jede Menge knackiger Auf- und Abstiege sorgt. Ein Motorradparadies also, das einen Vergleich selbst mit den Voralpen nicht zu scheuen braucht.

Die Diemel-Staumauer ist eine Treffpunkt von Motorradfahrern.

HESSISCHES BERGLAND

TOUR 1

ROADBOOK

Basisort Dodenau für alle drei Touren (GPS 51.02578, 8.5966)

Dodenau, Battenberg, Hallenberg, Sachsenberg, Edersee, Herzhausen, Vöhl, Affoldern, Frankenau, Haina, Rosenthal, Roda, Battenberg, Dodenau (ca. 190 km)

TOUR 2

ROADBOOK

Dodenau, Battenberg, Hallenberg, Medebach, Düdinghausen, Willingen, Diemelsee, Bad Arolsen, Elleringhausen, Freienhagen, Waldeck, Bad Wildungen, Hundsdorf, Haina, Bottendorf, Allendorf, Dodenau (ca. 250 m)

TOUR 3

ROADBOOK

Dodenau, Holzhausen, Niederasphe, Brungershausen, Dilschhausen, Bad Endbach, Bischoffen, Oberwaldbach, Lohra, Marburg, Großseelheim, Albshausen, Wohratal, Gemünden, Rosenthal, Münchhausen, Battenberg, Dodenau (ca. 260 km)

Naturpark Kellerwald-Edersee

Tour 1

200 Meter über Edersee thront das Wahrzeichen der Region, die trutzige Burg Waldeck.

Wir verlassen Dodenau nach Osten und gelangen schon wenige Kilometer später in das hübsche Städtchen Battenberg. Kommt euch der Name bekannt vor? Wen wundert's, gab er doch dem berühmten englischen Adelsgeschlecht der Mountbattens seinen Namen. Wie kam's? Gräfin Julia von Frauke erhielt 1851 den erblichen Titel von Battenberg. Eine Linie der Battenbergs ließ sich in England nieder, wo sie während des Ersten Weltkriegs aus Angst vor Deutschfeindlichkeit ihren Namen in Mountbatten änderte. Diese englische Linie brachte einige berühmte Persönlichkeiten hervor wie Louis Mountbatten, den 1. Earl of Burma, oder Louise Mountbatten, die spätere Königin von Schweden.

Zum Wachwerden

Weiter nach Allendorf, dort Blinker links Richtung Hallenberg. Die Bundesstraße 236 meint es gut mit Fahrwerk und Getriebe; sie lässt Bike und Besatzung Zeit zum Wachwerden. In Hallenberg lohnt sich ein kurzer Bummel durch die reizende historische Altstadt mit ihren vielen Fachwerkhäusern, von denen die meisten aus dem 18. Jahrhundert stammen. Meiden sollte man das im 12. Jahrhundert als kurkölnische Grenzfestung errichtete Hallenberg jedoch in der Osternacht von Samstag auf Sonntag. Zumindest wenn man Ruhe sucht. In dieser Nacht zieht nämlich ein Fackelumzug durch den Stadtkern. Eine gute Stunde lang gilt es, mit allerlei Krachmaschinen so viel wie möglich Lärm zu machen.

Hessens größter See

Ruhig und beschaulich hingegen geht es auf den folgenden Kilometern zu, die uns quer durch die hessische Provinz Richtung Edersee bringen. Kleine, kleinere und kleinste Sträßchen tun sich vor dem Lenker auf und lassen das Bikerherz höher schlagen. Schmaler, wenig befahrener Bauernasphalt, immer wieder garniert mit Kurven und Bögen jeder Art. So macht Motorradfahren Spaß. Über Rengershausen, Sachsenberg und Buchenberg erreicht die Route den Edersee. Naturpark Kellerwald-Edersee nennt sich das rund 400 Quadratkilometer umfassende Gebiet um Hessens größten See. Das UNESCO-Weltnaturerbe ist geprägt

TOUREN-STECKBRIEF

STRECKENLÄNGE
ca. 190 km

DAUER DER TOUR
Halbtages- bis Tagestour

HIGHLIGHTS
Battenberg mit seinem Burgfried, Hallenbergs reizende Fachwerkhäuser, die fantastische Wasserfläche des Edersees. Dort ist die Etappe von Herzhausen nach Vöhl das fahrerische Glanzlicht der Tour. Ein absolutes Muss ist der Spaziergang durch das herrliche Zisterzienserkloster von Haina.

CHARAKTERISTIK
Leichte Tour, passt für Erfahrene und Neulinge gleichermaßen. Abwechslung ist Trumpf, von der knackigen Kurvenetappe bis zur ruhigen Fahrt am Wasser entlang ist alles dabei. Die Landschaft gibt viel fürs Auge her.

Der Edersee, Hessens größter See und UNESCO-Weltnaturerbe.

Benzingeruch und der Duft von Steaks beherrschen die Luft rund um den Bikertreff Zündstoff in Hemfurth.

von ausgedehnten Buchenwäldern, kleinen Dörfern sowie Feld-, Wald- und Wiesenfluren. Eine rund sechs Kilometer lange, mit Kurven allererster Sahne ausgestattete Etappe bringt uns von Vöhl zum Bikertreff Werber-Eck, wo die Grillwurst schon brutzelt. Wem eher nach einem Sprung ins kühle Nass ist, der sollte zuvor am südlichen Ufer des Sees nach Asel-Süd fahren. Dort wartet am Ende einer Sackgasse eine schöne Liegewiese zum Sonnen und Baden.

Mächtige Grenzfestung

Hinter dem Bikertreff Zündstoff in Hemfurth verlässt die Route den Edersee und zielt kurvenreich durch das

Wildunger Bergland nach Frankenau. Um das Jahr 500 als Grenzfestung gegen die Sachsen gegründet, erhielt der Ort 1242 die Stadtrechte. Aber: Am Abend des 22. April 1865 fing das Haus eines gewissen Daniel Schäfer wegen dessen Ungeschicktheit Feuer, am nächsten Morgen war ganz Frankenau abgebrannt. Der unglückliche Mann musste nach England auswandern, Frankenau wurde in den folgenden beiden Jahren wieder aufgebaut.

Nächste Station Haina. Dort steht eines der bedeutendsten Zisterzienserklöster Deutschlands und verlangt eine Stippvisite. 1533 wandelte Landgraf Philipp die herrliche Anlage in ein Hospital um; seine Stiftung besteht in Form einer psychiatrischen Einrichtung bis heute fort. Ein Spaziergang durch den Kreuzgang, ein Bummel durch den Wald und Garten des Klosters tut übrigens uns allen gut. Nicht nur den Kranken.Eine letzte schräglagenverdächtige Schleife führt uns einmal rund um Haina und danach über Rosenthal und Münchhausen zurück nach Battenberg und Dodenau. ◀

Die herrliche Anlage von Haina ist eines der bedeutendsten Zisterzienserklöster Deutschlands.

Tour 2 Waldecker Land

Es heißt, man könne im Waldecker Land auch heute noch Gold finden. Und das ist beileibe keine Sage. Denn rund um Korbach, die Hauptstadt des Waldecker Landes, befinden sich Deutschlands reichste Goldlagerstätten. Seit dem Mittelalter versuchen in dieser Region Goldgräber und Glücksritter der Erde ein paar Gramm des Edelmetalls abzutrotzen. Auch heute werden immer wieder Probebohrungen vorgenommen, weil Experten vermuten, dass die Goldlager noch nicht vollständig ausgeschöpft sind.

Ob man nun im Waldecker Land Gold findet oder nicht, eines findet man ganz bestimmt – und das ist eine große Portion Motorradfahrspaß. Wenig befahrene Landsträßchen mit griffigem Belag machen eine Tagestour durch diese Region zum ungetrübten Vergnügen sowohl für Könner als auch für Einsteiger.

Start in Dodenau. Über Battenberg und Allendorf erreicht die Route zügig Hallenberg, biegt dort rechts ab und nimmt Medebach ins Visier. Dabei durchquert sie auf schmalen Sträßchen das Lichtenfelser Land mit

Am Wochenende ist die Diemel-Staumauer Treffpunkt von Motorradfahrern jeglicher Couleur.

seinen ausgedehnten Waldflächen. Das Ortsschild von Medebach fliegt vorbei. Die 800 Jahre alte Stadt war einst Mitglied der Hanse, was sie noch heute mit ihrem prachtvollen historischen Zentrum unter Beweis stellt.

Land der hohen Berge

Entlang der hessisch/nordrhein-westfälischen Grenze schwingt sich die Strecke Richtung Norden und erreicht das Upland. Der Name der Region kommt nicht von ungefähr, denn zahlreiche hohe Berge bieten ausgezeichnete Möglichkeiten für Sommer- und Wintersport. Und natürlich zum Motorradfahren. Mit 843 Metern ist der Hegekopf die höchste Erhebung des Uplandes. Kurz vor Usseln, wo sich das Curiosum und das MilchMUHseum befinden, führt ein lohnender Abstecher kurvenreich auf 798 Meter zum Hohen Pön, wo sich eine bezaubernde Aussicht auf das Upland bietet. Wer sich die Füße vertreten will – es gibt dort oben einen zirka fünf Kilometer langen Rundweg.

In Willingen, dem heilklimatischen Kurort, der im Winter in Konkurrenz zu Winterberg steht, biegen wir nach

TOUREN-STECKBRIEF

STRECKENLÄNGE
ca. 250 km

DAUER DER TOUR
Tagestour.

HIGHLIGHTS
Die alte Hansestadt Medebach gefällt mit tollen Fachwerkhäusern, an der Staumauer der Diemelsperre stehen immer viele Motorräder, das Schloss von Bad Arolsen nimmt einem geradezu den Atem, das bildhübsche Städtchen Waldeck ebenso. Fahrerisch ist die Strecke von Willingen zum Diemelsee erste Sahne.

CHARAKTERISTIK
Mittelschwere Tour, verlangt Kondition und Konzentration, kombiniert perfekt Motorradspaß, Landschaftsgenuss und Kultur. Man sollte sich für diverse Stadt- und Schlossbesichtigungen viel Zeit nehmen.

Im MilchMUHseum in Usseln dreht sich alles um die Milch und was sich daraus machen lässt.

Im Curiosum in Usseln gibt es jede Menge interessanten Kitsch, Kunst aber auch Technik zu sehen.

Schwalefeld ab. Zwölf Kilometer lang geht es parallel zum Flüsschen Itter in Richung Diemelsee. Die Straße ist gut ausgebaut, das Bike fliegt förmlich durch die Kurven. Wir visieren direkt die Staumauer an. An Sonn- und Feiertagen ist die Diemelmauer ein beliebter Treffpunkt für Motorradfahrer und von Bikern jeglicher Couleur entsprechend gut besucht.

Durch das Rote Land schwingt sich die Route anschließend Richtung Bad Arolsen. Eine zügige Landpartie, die erst vor dem Tor des herrlichen Residenzschlosses Bad Arolsen endet, in dem 1858 Königin Emma der Nieder-

Immer wieder führen die Bergland-Routen an den Diemelsee.

lande geboren wurde. Der prachtvolle Barockbau entstand zwischen 1710 und 1810 und ist dem Fürsten Friedrich Anton Ulrich zu Waldeck und Pyrmont zu verdanken. Wer sich traut – in der Schlosskapelle kann man heiraten.

Bildschöne Zeugen

Hinter Bad Arolsen bietet sich ein Abstecher nach Korbach an, das nach Meinung seiner Einwohner zu den schönsten Städten Deutschlands zählt. Und so ganz falsch liegen sie damit nicht – auf Schritt und Tritt begegnet man beim Stadtbummel den bildschönen Zeugen einer tausendjährigen Stadtgeschichte: imposante Steinhäuser mit Treppengiebeln, das Rathaus mit Rolandsfigur, die Waschkümpe, an der Korbachs Frauen jahrhundertlang ihre Wäsche wuschen.

Die Hauptroute führt indes weiter nach Waldeck, zum Hauptort des gleichnamigen Landes. Auch hier gibt es wieder jede Menge schönes Fachwerk zu sehen. Hoch über der Stadt thront das mächtige Schloss aus dem 12. Jahrhundert. Wir lassen Edertal rechts liegen und steuern Bad Wildungen an. Da das Thema Wasser in der Kurstadt naturgemäß eine große Rolle spielt, warten acht Brunnen und elf Heilquellen auf den Besucher. Sehen lassen kann sich auch der Kurpark, mit einer Fläche von 50 Hektar der größte seiner Art in Europa. Neben Gesundheit und Natur bietet Bad Wildungen auch architektonische Sehenswürdigkeiten wie das ehemalige Badehotel, die Löwenapotheke, den Fürstenhof, den Quellenhof oder das Rathaus.

Über Haina mit seinem beeindruckenden Zisterzienserkloster geht es auf abgelegenen Fahrbahnen weiter nach Bottendorf und Allendorf, von wo der Ausgangspunkt der Tour schnell erreicht ist. ◀

Die Kurven sind vielerorts bestens ausgebaut.

Tour 3 Rund um Marburg

Die dritte von Dodenau aus startende Tour geht in den Süden nach Marburg. Die alte Universitätsstadt ist der Dreh- und Schwerpunkt der heutigen Runde. Diese beginnt bereits am Morgen recht zünftig auf verschlungenen Landsträßchen und gibt schon mal einen Ausblick auf den kommenden Tag: Kurven, Kurven, Kurven. Reddighausen, Holzhausen, ein paar Meter Bundesstraße, dann rauschen wir durch den Biedenkopfer Stadtforst hinab ins Tal der Lahn, der wir für einige Kilometer folgen. Dörfer und Straßen werden mit der Zeit immer kleiner, der Verkehr schwächer. Als ob wir die Welt für uns ganz alleine hätten. Über Dilschhausen und Runzhausen geht es nach Bad Endbach. So abgeschieden vom Fern- und Durchgangsverkehr wie heute war das schmucke Kurstädtchen im Mittelalter nicht. Bedeutende Heer- und Handelsstraßen führten damals durch den Ort und die Region. Diese holperigen Routen folgten in der Regel den trockenen und festen Höhenrücken der Wasserscheiden, berührten aber immer wieder Flüsse oder Quellen, um die Zugtiere zu tränken.

Im Vergleich deutlich besser in Schuss ist die Fahrbahn von Bad Endbach nach Bischoffen. Wir danken dem Verkehrsamt und drehen eine

Gleich hinter dem Ortsschild von Dodenau geht es in Sachen Kurven und Kehren in die Vollen.

aussichts- und kurvenreiche Runde um die Aartalsperre. 1991 fertiggestellt, ist sie mit 57 Hektar nach dem Edersee Hessens zweitgrößte Wasserfläche. Nach einem zweiten Frühstück im Grill am See, vor dem bei schönem Wetter immer jede Menge Motorräder stehen, geht es weiter nach Oberweidbach, wo uns für eine Weile der breite Asphalt einer Durchgangsstraße aufnimmt.

Verwüstetes Dorf

Gladenbacher Bergland heißt die ab Frankenbach folgende Aneinanderreihung von Hügeln und Tälern. Der Name ist Programm und beschert uns eine schwungvolle Etappe hinüber nach Lohra. Dem schmucken Ort sieht man heute nicht mehr an, dass er wie die meisten Dörfer in dieser Region während des Dreißigjährigen Krieges von Landsknechten verwüstet und geplündert wurde, während die Bewohner ins nahe Marburg geflüchtet waren.

Wir flüchten nicht nach Marburg, sondern rollen gemächlich in die geschichtsträchtige Stadt ein, die uns mit einem tollen Blick auf ihr Schloss hoch oben auf dem Berg begrüßt. Um es vorwegzunehmen – Marburg zu Fuß ist anstrengend, weil es am Hang

Die alte Universitätsstadt Marburg mit Schloss und Park besitzt eine ganz eigene, entspannte Atmosphäre (oben und links).

TOUREN-STECKBRIEF

STRECKENLÄNGE
ca. 260 km

DAUER DER TOUR
Tagestour.

HIGHLIGHTS
Das an alten Handels- und Heerstraßen liegende Bad Endbach, die optisch reizvolle Runde um die Aartalsperre, die alte Universitätsstadt Marburg und ihr Schloss (genügend Zeit einplanen). Speziell die Etappe durch das Gladenbacher Bergland macht mächtig Laune.

CHARAKTERISTIK
Mittelschwere Tour, führt fast ausschließlich über kleine kurvige Landsträßchen und lässt sich entsprechend sportlich fahren. Aber auch Anfänger werden hier ihre Freude haben, da sie fahrerisch und konditionell nicht überfordert sind.

liegt. Aber Marburg lohnt sich. Rund um Schloss und Schlosspark herrscht eine entspannte Atmosphäre. Liebespaare liegen im Gras, Studenten machen ihre Hausaufgaben, weiter unten sitzt das Bürgertum in den Cafés. Historisch spielt im Marburg eine Frau die Hauptrolle: Im 13. Jahrhundert opferte sich die junge Adlige Elisabeth für die Armen und starb tragischerweise ganz jung.

Tal der Wohra

Auf Nebenstraßen wuselt die Route aus Marburg hinaus und rauscht über Großseelheim und Sindersfeld nach Rauschenberg. Auch hier wütete der Dreißigjährige Krieg und ließ vom alten Schloss nur noch Ruinen übrig. Dafür gefällt Rauschenberg heute mit seinen wundervollen Fachwerkhäusern. Weiter geht es hinab ins Tal der Wohra, dort ein Stück am Fluss entlang und schließlich über Gemünden, Rosenthal nach Münchhausen (Christenberg) zurück nach Dodenau. ◀

Auf dem 387 Meter hohen Christenberg bei Münchhausen warten die reizenden kleine Martinskirche und ein gemütliches Café mit Aussicht.

HOTEL INFOS

UNSER BASISLAGER

Dass Axel Sassor in seinem Hotel schon seit 130 Jahren den Gastgeber spielt, sieht man ihm nicht an. Aber Spaß beiseite – seine Familie war es, die im Jahr 1887 im Battenberger Vorort Dodenau ein Hotel eröffnete und es von Generation zu Generation weitergab. So ist es kein Wunder, dass Axel die Gastronomie in den Genen hat. Zum Vorteil für den Gast, denn wer im Haus Sassor wohnt, fühlt sich beachtet und ernst genommen. Die Stimmung ist locker, lässig, der Umgang freundschaftlich, Chef Axel immer zu einem Scherz aufgelegt.

SPEZIELL FÜR MOTORRADFAHRER

Neben der Gastronomie hat er auch das Motorradfahren im Blut, was sich darin äußert, dass sein Hotel in den letzten Jahren zu einer festen Größe unter Deutschlands Motorradherbergen geworden ist. Als Gäste kommen, als Freunde gehen – so lautet das Motto von Axel und Ehefrau Ulli. Das ist keine leere Phrase, da die beiden leidenschaftlichen Motorradfahrer wirklich alles tun, um ihre zweiradfahrenden Gäste glücklich zu machen. Es gibt überdachte Stellplätze, eine verschlossene Garage, einen Trockenraum, eine Werkstatt mit Hochdruckreiniger, Tourentipps, individuelle Tourenberatung, auf Anfrage geführte Touren, Stellplätze für Auto bzw. Anhänger und sogar einen Pannenrückholservice. Auf Biker warten Spezialangebote wie zum Beispiel die Ederberglandtour. Sie kostet ab 119,00 Euro pro Person und beinhaltet zwei Übernachtungen. Freitags gibt es ein Abendessen, samstags Frühstück, eine geführte Motorradtour und abends eine Grillparty. Sonntag morgens geht es dann nach dem Frühstück nach Hause.

HOTEL

Hotel Sassor
Berliner Straße 17, 35088 Dodenau (Battenberg)
T (0 64 52) 93 99 39
www.hotel-sassor.de

GPS 51.02578, 8.5966

351

Weiße Strände und **roter Backstein**

Dass Mecklenburg-Vorpommern eine der beliebtesten deutschen Ferienregionen ist, kommt nicht von ungefähr, denn mit der Ostseeküste und der Seenplatte verfügt das Bundesland über zwei Naturschätze ersten Ranges. Was bietet „Meck-Pomm“ für uns Motorradfahrer? Keine Berge und eher weniger Kurven. Das ist klar. Dafür aber Hunderte von Kilometern entlang herrlicher Küsten, romantischer Seen und ungezählter Allenbäume. Kilometer, bei denen Naturliebhaber auf ihre Kosten kommen.

Strand Heringsdorf auf Usedom.

TOUR 1

ROADBOOK

Basisort Stralsund für alle drei Touren
(54.31090, 13.08687)

Stralsund, Brandshagen, Wilmshagen, Griebenow, Grubenhagen, Hanshagen, Wolgast, Zinnowitz, Wolgast, Freest, Greifswald, Reinberg, Losentitz, Poseritz, Gustow, Stralsund (ca. 230 km)

TOUR 2

ROADBOOK

Stralsund, Garz, Putbus, Lancken-Granitz, Baabe, Sellin, Binz, Prora, Sassnitz, Jasmund, Glowe, Putgarten, Wiek, Ummanz, Dreschvitz, Samtens, Stralsund (ca. 280 km)

TOUR 3

ROADBOOK

Stralsund, Hohendorf, Lassentin, Barth, Zingst, Prerow, Wieck, Ahrenshoop, Wustrow, Dierhagen, Ribnitz-Damgarten, Martenshagen, Kummerow, Pantelitz, Stralsund (ca. 150 km)

Von Stralsund nach Usedom

Tour 1

Zum ersten Mal im Motorradurlaub an der Mecklenburger Ostseeküste? Dann empfiehlt sich für den ersten Fahrtag eine Kennenlern-Tour, um ein Gefühl für diese ganz außerordentliche Region zu bekommen. Eine Region, die sich von anderen deutschen Feriengebieten unterscheidet. Was die Landschaft angeht, die Menschen, die Kultur und die Geschichte. Hier an der Trennlinie zwischen germanischem und slawischem Einflussgebiet, gaben sich jahrtausendelang die unterschiedlichsten Völkergruppen die Hand und schufen ein faszinierendes Land mit so nirgendwo anders existierenden unterschiedlichen Gesichtern.

Ozeaneum Stralsund (oben) und die schmucke Stadtmauer Stralsunds (rechts).

Start ist Stralsund. Die Hansestadt präsentiert dem Besucher einen außergewöhnlichen Reichtum an historischer Bausubstanz aus roter Backsteingotik. Wir rollen per Landstraße aus der Stadt hinaus, klinken uns für eine Handvoll Kilometer auf die Bundesstraße 105 ein und zweigen in Reinberg rechts ab Richtung Grimmen. Unaufgeregt durchquert der Asphalt die pommersche Provinz. Lange vor Christi Geburt betrieben germanische Stämme hier schon Ackerbau und Viehzucht. Nach den Germanen kamen die Slawen und drückten der Region ihren Stempel auf. Miltzow fliegt vorüber, Wilmshagen und Willerswalde.

TOUREN-STECKBRIEF

STRECKENLÄNGE
ca. 230 km

DAUER DER TOUR
Tagestour

HIGHLIGHTS
Ein Bummel zu Fuß durch die alte Hansestadt Stralsund, ein Spaziergang durch das verträumte Grimmen, eine Stippvisite ins Seebad Zinnowitz mit seiner Bäderarchitektur und seiner Seebrücke, ein Stopp am Fisch-Imbiss in Freest, die herrlichen Alleen auf der Etappe von Poseritz nach Grahlhof.

CHARAKTERISTIK
Leichte Tour, gute Mischung aus breiten Hauptstraßen und schmalen Landsträßchen, entspanntes Gleiten ist angesagt. Abseits der touristischen Hauptrouten gibt es viel zu entdecken, Hinterlanddetektive werden dabei ihre Freude haben.

Mauerblümchendasein

Dann bietet sich ein Abstecher nach Grimmen an. Die kleine Landstadt lag lange Jahrhunderte ungünstig abseits der großen Verkehrswege und führte ein Mauerblümchendasein. Für die Grimmener schlecht, für den Hinterlanddetektiv gut. Denn der entdeckt ein kleines Juwel, dessen mittelalterli-

Markt der Universitäts- und Hansestadt Greifswald.

Ensemble von Rathaus und Sankt-Nikolai-Kirche in Stralsund.

cher Kern sich sehen lassen kann. Der Tipp für die Pause: die Bäckerei Junge. Weiter Provinz, weiter entspannte, verkehrsarme Landstraßen. Griebenow, Dersekow, Behrenhoff, Groß Kiesow sind alles Dörfer slawischer Abstammung mit meist gerader Ortsdurchfahrt und schmucken Häusern aus rotem Backstein. Ob die adligen Eigentümer den Dörfern ihre Namen gaben oder umgekehrt, ist offen. Gebräuchlich war beides. Auch der Name der nächsten Stadt, in der wir den ersten längeren Halt dieser Tour einlegen, hat eine ungewisse Vergangenheit. Vom slawischen Wort Voligost für Freund? Vom slawischen Begriff woly für groß? Wer weiß. Sicher ist jedoch, dass Wolgast eines der vielfältigsten Stadtbilder Vorpommerns besitzt. Vom Zweiten Weltkrieg verschont, präsentiert sich die am Peenestrom liegende Stadt heute ebenso intakt wie vor fünfhundert Jahren.

Eine historische Wiecker Klappbrücke.

Attraktives Seebad

Ein Muss ist von Wolgast aus der Abstecher nach Zinnowitz. Der über 700 Jahre alte Ort gehört zu den attraktivsten Seebädern auf der Insel Usedom und darf sich seit 1851 Seebad nennen. Seine wunderschöne Bäderarchitektur entstand zu Beginn des 20. Jahrhunderts, die großzügige Uferpromenade ist nach wie vor der Anziehungspunkt von Zinnowitz. Ein Käffchen auf der hübschen Seebrücke? Immer. 1908 errichtet, 1948 zerstört, 1993 neu aufgebaut, hat sie von ihrem alten Charme nichts verloren.

Ein Teilabschnitt der Deutschen Alleenstraße findet sich auch auf Rügen.

Malerische Meeresbucht

Zurück auf dem Festland steuern wir den urigen Fischereihafen von Freest an. Und zwar wegen des schönen Blicks hinüber nach Rügen und wegen des Fisch-Imbisses dort. Dann fahren wir durch das kleine, aber feine Seebad Lubmin und rollen nach Greifswald hinein. Malerisch an einer Meeresbucht gelegen, ist die Hansestadt gleich auf mehrere Weise ein Glücksfall. Erstens, weil sie 1945 kampflos der Roten Armee übergeben wurde und damit komplett erhalten blieb. Und zweitens, weil ihre Baudenkmäler einen faszinierenden Bogen von der mittelalterlichen Backsteingotik bis zum modernen Klassizismus schlagen. Zügig befördert uns die B 105 nach Stahlbrode, wo die Fähre über den Strelas und hinüber nach Glewitz auf Rügen ablegt. Dort weiter nach Poseritz, dessen mächtige Sankt-Marien-Kirche mit ihrem hohem Turm schon von weitem zu sehen ist. Im 14. Jahrhundert gebaut, begeistert sie den historisch Interessierten mit ihrem tollen barocken Altar. Der historisch nicht ganz so Interessierte fährt weiter, nimmt die Hauptbrücke zurück zum Festland und erreicht wieder Stralsund. ◂

Hafen von Wieck am Ryck.

Tour 2 Rügen-Rundfahrt

Seebrücke Sellin (oben) und auf dem Weg nach Ummanz (unten).

Die Engländer würden sie als „Signature-Tour" bezeichnen, wir Deutsche würden Vorzeige-Tour dazu sagen. Es geht um die große Rügen-Rundfahrt. Wenn es eine Tagestour gibt, die den Charakter Mecklenburg-Vorpommerns am besten widerspiegelt, dann diese.

Lange Alleenstraße

Über die Hauptbrücke ist Rügen von Stralsund aus ruckzuck erreicht. Dann gleich Blinker rechts und weg von den Hauptverkehrswegen Richtung Garz. Die ersten Alleenbäume flitzen vorüber, Sonnenstrahlen brechen zwischen ihnen durch und zerhacken die Landschaft in schmale Scheiben. Gustow, Poseritz, dann taucht Garz auf. Die älteste und kleinster Stadt der Insel liegt direkt an der Deutschen Alleenstraße, die uns, kurz unterbrochen von einem Schlenker hinab zum Fischerdorf Neukamp, unter ihrem dichten Blätterdach weiter nach Putbus bringt. Zum esten, aber nicht zum letzten Mal stellen wir an diesem Tag die Maschine ab, verstauen den Helm im Koffer und begeben uns zu Fuß auf Spurensuche. In Putbus sind es die 16 im Kreis angeordneten weißen Häuser, die unsere Neugier wecken. „Circus“ nannte man diesen Ortskern damals im 19. Jahrhundert, und noch heute gilt Putbus als Paradebeispiel für Städteplanung in der Zeit des Klassizismus. Der löste den Barock ab und war mit seinen schlichten Formen so etwas wie ein Gegenprogramm zum arg üppigen und verzierfreudigen Barock.

Weiße Fassaden in Putbus.

Beliebtes Schloss

Klassizistisch geradlinig verläuft auch die Allee, die von prächtigen Bäumen flankiert hinter Putbus nach Lancken-Granitz zielt. Dort steht das mit jährlich 250000 Besuchern beliebteste Schloss Mecklenburg-Vorpommerns. Zwischen 1838 und 1846 im Stil der norditalienischen Renaissance errichtet, bietet das Jagdschloss Granitz von seinem hohen Mittelturm aus eine faszinierende Aussicht über die Insel.

Nun folgt ein Abstecher auf die Halbinsel Mönchgut im Süden Rügens. Dort warten mit Baabe und

Altehrwürdiges Jagdschloss von Granitz.

TOUREN-STECKBRIEF

STRECKENLÄNGE
ca. 280 km

DAUER DER TOUR
Tagestour

HIGHLIGHTS
Die weißen Häuser von Putbus, das Jagdschloss von Granitz, ein Bummel durch das Seebad Baabe, ein Kaffee auf der Seebrücke von Sellin, die Kreideküste im Nationalpark Jasmund, Kap Arkona mit seinen beiden Leuchttürmen, die Abgeschiedenheit auf Ummanz, die Fahrt von Glowe nach Putgarten entlang des Tromper Wieks.

CHARAKTERISTIK
Mittelschwere Tour, nicht besonders lang, dafür anspruchsvoll, weil sie fast ausschließlich über kleine und kleinste Sträßchen führt. Nichts für Schräglagensammler, sondern für Genießer mit Interesse an Natur, Kultur und Geschichte.

Sellin gleich zwei Glanzstücke der vielen Rügener Seebäder. In dem ehemaligen Fischerdorf Baabe erstrahlen dessen Reetdachhäuser heute wieder in altem Glanz. In Sellin sind es hingegen die hundertjährigen Villen der Bäderarchitektur, die einen in der ehrwürdigen Wilhelmstraße in ihren Bann ziehen. Die wunderschönen Gebäude besitzen diese typischen großen Holzbalkone, auf denen man damals bei schlechtem Wetter das Leben nach draußen verlegen konnte.

Nazi-Monströsität

Weiter nach Binz, das mit einer herrlichen Uferpromenade aufwartet. Vorbei an Prora und seiner architektonischen Monströsität aus der Nazizeit, durch die jährlich bis zu zwei Millionen Kraft-durch-Freude-Urlauber geschleust werden sollten, fädelt sich die Route am Prorer Wiek entlang hinauf nach Sassnitz. Die alte Stadt ist nicht nur Ausgangspunkt für Fähren nach Skandinavien, sondern auch für Ausflüge zur berühmten Kreideküste mit

Die berühmten Kreidefelsen am Königstuhl.

Das mondäne Kurhaus Binz erstrahlt in neuem Glanz.

ihren senkrechten weißen Felsen. Wer Lust auf einen Spaziergang hat, nur zu. Er lohnt sich. Dasselbe kann man vom Abstecher ans Kap Arkona behaupten. Am Wasser des Tromper Wieks entlang, erreicht man Putgarten und einen großen Sammelparkplatz, von wo aus entweder ein Fußmarsch, eine Pferdekutsche oder eine Elektrobahn hinaus zum ältesten Leuchtturm an der Ostseeküste führt.

Weite und Stille

Zurück Richtung Süden. Mit der schnuckeligen Wittower Fähre geht es hinüber zur Inselmitte, dann steht eine Runde auf Ummanz auf dem Programm. Erst seit 1901 durch eine Brücke mit Rügen verbunden, verspricht das maximal lediglich fünf Meter hohe Eiland Ruhe abseits der Touristenströme. Keine großen Hotels, Promenaden und Schnellstraßen, stattdessen Weite, Stille und Abgeschiedenheit.

Kurz hinter Unrow trifft die Route auf die Inselhauptstraße und visiert Samtens an. Ein letzter Stopp vor der Rückfahrt nach Stralsund. In Samtens, das slawisch „einsam" bedeutet, kommen vor allem Modell- und Technikfans auf ihre Kosten: Im ehemaligen Rittergut Plüggentin stehen auf 500 Quadratmetern über 10 000 Modelle von Flugzeugen, Autos, Schiffen und Eisenbahnen.

◄ **Kap Arkona auf** Rügen.

Tour 3 Reif für die Insel

Blaue Scheune von Ahrenshoop in Fischland (oben). Strand Zingst (unten).

Sie hat einen etwas sperrigen Namen – Halbinsel Fischland-Darß-Zingst. Auch die Artikel sind gewöhnungsbedürftig – das Fischland, der Darß und … na, ja … Zingst eben. Ganz ohne Artikel. Herausragend hier oben an der Ostseeküste westlich von Stralsund sind jedoch die Strände. Insgesamt 45 Kilometer lang, gelten sie als die schönsten Mecklenburg-Vorpommerns.

Historischer Kern

In einem Bogen durch die pommersche Provinz gelangen wir auf wenig befahrenen Landstraßen über Hohendorf, Lassentin und Zipke nach Barth. Das sympathische Städtchen gefällt mit einem historischen Kern und einer Kirche, deren Turm früher den Seefahrern als Orientierungspunkt diente. Ein schmaler Damm überwindet hinter Barth den Bodden hinüber nach Fischland-Darß-Zingst. Wer nicht an der See wohnt: Unter Bodden versteht man ein von der offenen Ostsee getrenntes Küstengewässer.

Einfahrt nach Zingst. Der Ort hat eine rasante Entwicklung hinter sich: Fischernest, Seefahrerdorf, Badeort, Ostseeheilbad. Zingst ist vor allem wegen seiner Kraniche überregional bekannt. Die aus Skandinavien und Russland kommenden Vögel machen auf ihrem Weg in den Süden ab Mitte August Rast auf der Halbinsel.

Ursprünglicher Charme

Am bis zu 80 Meter breiten Sandstrand entlang rollen wir nach Prerow. Das ehemalige Seefahrerdorf ist seit DDR-Zeiten ein bekannter Ferienort, hat sich jedoch seinen ursprünglichen Charme bewahrt. Wer im Motorradsattel durch die Sträßchen Prerows bummelt versteht, weshalb im 19. und 20. Jahrhundert sich so viele Maler hier ansiedelten: einfache Lebensverhältnisse, unberührte Natur, faszinierendes Licht, Wechselspiel von Jahres- und Tageszeiten. Das ist bis heute so geblieben. Will man der Natur noch näher kommen, fährt man weiter nach Wieck zur Wiecker Arche. So heißt

TOUREN-STECKBRIEF

STRECKENLÄNGE
ca. 150 km

DAUER DER TOUR
Halbtagestour

HIGHLIGHTS
Die intakte Natur im östlichen Teil der Halbinsel Zingst, der dortige Kranichzug, die traumhaften Strände zwischen Zingst und Prerow, der herbe Charme und der ursprüngliche Charakter von Prerow, die ehemalige Künstlerkolonie Ahrenshoop, die Etappe über das Fischland mit Meer auf beiden Seiten.

CHARAKTERISTIK
Leichte Tour auf kleinen Landstraßen abseits ausgetretener Urlauberrouten. Naturliebhaber werden ihre helle Freude haben, sie finden hier eine intakte Natur, faszinierende Farbenspiele, schöne Ausblicke auf die Ostsee und ein einmaliges Licht.

Buhne 12 – Ahrenshoop - Fischland.

Meiningenbrücke von Barth – Zingst.

das Nationalparkzentrum, das auf 500 Quadratmetern Ausstellungsfläche Einblicke in die Vorpommersche Boddenlandschaft gibt. Das konsequent ökologisch gebaute und mit Solarenergie betriebene Haus wurde im Jahr 2000 eröffnet. Dass die Kuchen und Torten im Café Fernblau Bioqualität haben, ist Ehrensache.

Imposante Brücke

Zurück zum Festland geht es über das Fischland. Rund acht Kilometer lang, ist die Landbrücke an ihrer breitesten Stelle zweieinhalb Kilometer und an ihrer schmalsten Stelle gerade mal 400 Meter breit. Vier Ortschaften liegen auf dem Fischland, von denen es zwei zu Berühmtheit gebracht haben: Ahrenshoop und Wustrow. Ahrenshoop, 1760 von Fischern gegründet, entwickelte sich Ende des 19. Jahrhunderts zuerst zur Künstlerkolonie und dann zum Seebad. Die Maler wohnten in kleinen Katen, die noch heute den Charme Ahrenshoops ausmachen. Mehr für Technik interessierten sich die Menschen, die ab Mitte des 19. Jahrhunderts nach Wustrow kamen – Schüler der Großherzoglich Mecklenburgischen Navigationsschule. Vom Kirchturm, auf dem damals die Seefahrtsschüler das Navigieren übten, bietet sich ein klasse Rundumblick über Fischland und den Bodden.

Zeese – Born am Darß.

Bei Ribnitz-Damgarten ist die Fahrt über Fischland-Darß-Zingst zu Ende. Zwei Varianten bieten sich für die Weiterfahrt an: auf der B 105 zurück nach Stralsund oder, sofern der Sonntag der letzte Urlaubstag ist, von hier aus ab nach Hause. ◀

HOTEL INFOS

UNSER BASISLAGER

Von Späteinsteigern unter den Motorradfahrern sagt man ja gerne, sie seien besonders begeistert und motiviert bei der Sache. Werner Kirchhoff ist ein solcher Späteinsteiger und ein Paradebeispiel für Schwung und Elan. Seit er seinen Führerschein besitzt, kommen im Jahr mal ganz schnell 10 000 bis 12 000 Kilometer zusammen. Und das auf Sträßchen in zwei ganz unterschiedlichen Regionen – dem Schwarzwald und der mecklenburgischen Ostseeküste. Wie kommt's? Der gebürtige Freiburger und Wahl-Hamburger besitzt schon seit vielen Jahren das Altstadt Hotel Zur Post in Stralsund und erkundet von dort aus im Sattel seiner BMW F 800 GS gerne die Ostsee-Inseln. Vor ein paar Jahren kam das Aparthotel Schwarzwald Panorama in Bad Wildbad dazu, und inzwischen ist Werner auch wieder im Kurvenlabyrinth des Schwarzwaldes zu Hause.

SPEZIELL FÜR MOTORRADFAHRER

Werner Kirchhoffs Begeisterung fürs Motorradfahren bekommen seine Gäste auf Anhieb zu spüren. In beiden Häusern sind abgeschlossene Garage, Trockenraum und Schrauberecke Standard. Tourentipps und Lunchpaket gehören ebenso zum Service wie die Möglichkeit, das Bike in einer Fachwerkstatt checken zu lassen, dazu gibt es einen Vespergutschein im Motorradtreff Seeheiner (Schwarzwald) oder einen Besuch im Ozeaneum (Stralsund). Unter dem Namen „Biker Special Flex" bieten beide Häuser ab 55,00 Euro bzw. 45,00

Euro pro Person im Doppelzimmer eine Übernachtung mit Halbpension an. Terminwahl und Aufenthaltsdauer sind frei bestimmbar. Wer an einer organisierten Tour teilnehmen will, wählt aus zwischen der Start-of-Season-Tour im Frühjahr, der Stralsund-Rügen-Tour im Juni, der Alpen-Tour im September oder der End-of-Season-Tour im Herbst.

HOTEL

Altstadt Hotel Zur Post Stralsund
Am Neuen Markt, Tribseer Str. 22,
18439 Stralsund
T (0 38 31) 20 05 00
www.hotel-zur-post-stralsund.de
www.basecamp-ostsee.de
Unter diesem Markenzeichen vereinigt sich das Engagement zum Ausbau des Motorradtourismus der beiden Häuser an der Ostsee und im Schwarzwald.
GPS 54.31090, 13.08687

In der Heimat **des Rieslings**

Entlang des Rhein bietet sich Burgen- und Schlösserromantik – aber auch variantenreicher Motorradspaß. Variantenreich, weil man vom Rhein als Basislager traumhafte Touren nach links und rechts in die Mittelgebirge hinein unternehmen kann: Eifel, Hunsrück, Taunus und Westerwald bieten Kurvenabenteuer ohne Ende.

Am Rhein zwischen Rüdesheim und Lorch gedeihen von der Sonne verwöhnte Weißweine.

TOUR 1

ROADBOOK

Basisort Assmannshausen für alle drei Touren (GPS 49.98824, 7.86746)

Assmannshausen, Lorch, Kaub, St. Goarshausen, Boppard, Lahnstein, Bad Ems, Nassau, Laurenburg, Diez, Limburg, Hahnstätten, Katzenelnbogen, Zorn, Rettershain, Lorch, Assmannshausen (ca. 210 km)

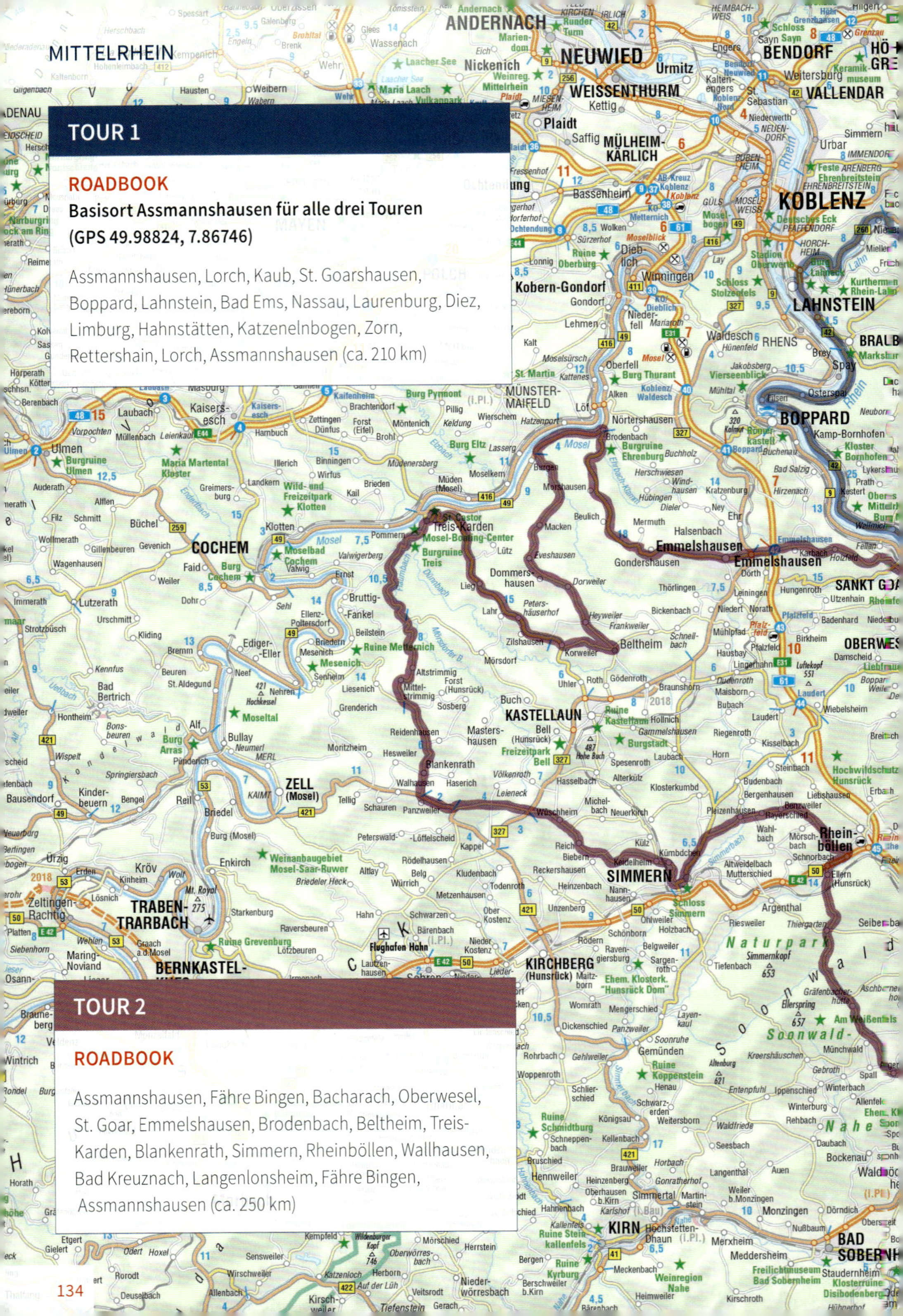

TOUR 2

ROADBOOK

Assmannshausen, Fähre Bingen, Bacharach, Oberwesel, St. Goar, Emmelshausen, Brodenbach, Beltheim, Treis-Karden, Blankenrath, Simmern, Rheinböllen, Wallhausen, Bad Kreuznach, Langenlonsheim, Fähre Bingen, Assmannshausen (ca. 250 km)

TOUR 3

ROADBOOK

Assmannshausen, Lorch, Wispertal, Bad Schwalbach, Kettenbach, Taunusstein, Idstein, Schmitten, Feldberg, Königstein, Niedernhausen, Wiesbaden, Kiedrich, Oestrich-Winkel, Rüdesheim, Assmannshausen (ca. 240 km)

Tour 1 Lahntal und Westerwald

Sonnige Hänge des Rheingaus (oben). Hoch über St. Goar erhebt sich Burg Rheinfels (unten).

Wer an einem sonnigen Tag zwischen Bingen und Koblenz am Ufer des Rheins entlangfährt, wird sich absolut nicht wundern, dass die UNESCO diese Flussetappe 2002 zum Weltkulturerbe erklärte. Denn so viele Burgen und Schlösser, so viele malerisch steile Weinberge, so viele reizende Stadt- und Dorfidyllen gibt es nirgendwo anders auf der Welt. Und schon gar nicht auf einer Länge von nicht mal 70 Kilometern. Würde man sich alle diese mittelalterlichen Juwele und Kleinode anschauen, bräuchte man von Bingen nach Koblenz vermutlich eineinhalb Wochen statt eineinhalb Stunden. So muss sich der Reisende auf einige Highlights beschränken, die er entweder dem Reiseführer entnimmt oder sich selbst ausdenkt.

Wir empfehlen für die Freitagstour auf der ersten Etappe entlang des Rheins einen Halt in Lorch und

St. Goarshausen. Lorch kommt noch bei halbwarmem Motor gleich hinter Assmannshausen in Sicht. Auf engem Raum konzentrieren sich im Stadtkern wunderschöne Bauwerke und Sehenswürdigkeiten wie die Pfarrkirche St. Martin, der mittelalterliche Rundturm Strunk und das Rathaus. Der Strunk hat eine kriegerische Vergangenheit: Er diente im 15. Jahrhundert zur Verteidigung der Wispermündung.

Berühmte Loreley

Vorbei am deutschesten aller deutschen Felsen, der Loreley, gelangen wir nach St. Goarshausen. Dessen Altstadt ist klein, aber fein und zeigt schmuck herausgeputzte Winzerhäuser. Nahe der Loreley-Fähre hat man dem Heimatdichter Heinrich Heine, der 1824 das Loreley-Gedicht verfasste, ein Denkmal gesetzt. Ihr wisst ja: „Ich weiß nicht, was soll das bedeuten …" und so weiter. Was die Namen der beiden dicht aufeinanderfolgenden Burgen Katz und Maus bedeuten, wissen wir allerdings genau: Die eine wurde von den Grafen zu Katzenelnbogen gebaut, die andere vom verfeindeten Bistum Trier. Katzenelnbogen, Katz, klare Sache. Die Bischöfe wollten ihre Burg eigentlich Peterseck nennen, was dem Volksmund ganz und gar nicht

Auf der Loreley saß einst ein Mädchen und verwirrte die Schiffer mit ihrem Gesang.

gefielt, und er die Trierer Burg kurzerhand Maus taufte. Ende!

Einen Abstecher wert ist Boppard und sein Römerkastell auf der gegenüberliegenden Rheinseite. Bei Lahnstein entfernt sich die Route schließlich vom Fluss und biegt nach rechts

Oberhalb von Assmannshausen ragt das Niederwaldenkmal über den Weinbergen in den Himmel.

TOUREN-STECKBRIEF

STRECKENLÄNGE
ca. 210 km

DAUER DER TOUR
Halbtages- bis Tagestour

HIGHLIGHTS
Ein Spaziergang durch das kleine und feine Kurstädtchen Bad Ems, die romantische Etappe am Rhein zwischen Lorch und Lahnstein, die trotz Tempolimit immer noch knackige Kurvenstrecke des Wispertales, ein Bummel durch Limburg und der Besuch seines wunderschönen Doms.

CHARAKTERISTIK
Leichte Tour, die vor allem die landschaftliche Karte spielt. Rheintal und Wispertal lassen dem Freund idyllischer Motorradstrecken die Augen übergehen, dennoch kommt der Fahrspaß keinesfalls zu kurz.

Richtung Westerwald ins Lahntal ab. Weniger Burgen, dafür mehr Kurven und genauso viel Idylle. Zwischen den Schwüngen ist Bad Ems mit seinem hübschen Kurzentrum ebenso einen Abstecher wert wie Nassau und sein historischer Marktplatz. Nassaus Beziehungen reichen bis hinauf in höchste Adelskreise: Noch heute verbindet die Stammburg des Hauses Nassau die regierenden Familien in Holland und Luxemburg mit der Stadt.

Schon die Römer wussten wo man schön wohnen kann und bauten in Boppard ein Kastell.

Ein ausgedehnter Stopp empfiehlt sich nach der langen Kurverei durch das Lahntal in Limburg. Auch wegen seiner reizenden Altstadt, vor allem aber wegen seines Doms. Der thront seit 1235 weithin sichtbar neben der Burg auf einem Hügel oberhalb des historischen Zentrums von Limburg und gilt als eines der schönsten spätromanischen Bauwerke Europas.

Kurioser Name

Die B 417 bringt uns aus Limburg hinaus. In Nauheim rechts ab, dann weitere über die Dörfer nach Katzenelnbogen. Woher der Name der Stadt mit ihrer hübschen Burg stammt, ist nicht ganz klar. Vermutlich geht er auf eine „gewinkelte Bachkrümmung" zurück. 1138 benannte sich ein Grafengeschlecht nach der Burg.

Hinter Katzenelnbogen werden die Kurven enger, die Schräglagen gewagter – der Übergang vom Westerwald in den Taunus kündigt sich an. Letzterer besitzt eine zerklüftetere Oberfläche und liefert uns Motorradfahrern durch die daraus resultierenden größeren Höhenunterschiede Kurven und Kehren im Überfluss. Die sportliche Wedelei findet erst unten in Lorch im Rheintal ihr Ende. Ein paar entspannte Kilometer zurück nach Assmannshausen, und der Freitag ist abgehakt. ◄

Hunsrück und Mosel

Tour 2

Zweimal Flussidylle, einmal raues Mittelgebirge – die Sonntagsrunde ist eine Motorradtour voller Gegensätze. Für die Idyllen sind Rhein- und Moseltal zuständig, für die Kargheit der Hünsrück. Nach dem Start ins Assmannshausen nehmen wir die Fähre von Rüdesheim über den Rhein hinüber nach Bingen und rollen gemächlich über Bacharach und Oberwesel nach St. Goar. Am linken und rechten Ufer steht Burg an Burg, jede mit einem phantastischen Blick auf den Rhein. Die Adligen des Mittelalters wussten schon, wo es schön war.

Bacharach gefällt mit seinen malerischen Fachwerkhäusern aus dem 14. Jahrhundert und wurde vom französischen Dichter Victor Hugo als „eine der schönsten Städte der Welt" beschrieben. „Stadt der Türme" hingegen wird Oberwesel genannt. Die Stadt besitzt die am besten erhaltene Stadtbefestigung am Mittelrhein und immer noch 16 ihrer einst 22 Wehrtürme. An ihnen bissen sich 300 Jahre lang Belagerer aller Nationalitäten die Zähne aus. Was an der Festung Rheinfels oberhalb von St. Goar ebenso der Fall war. Dort treffen wir wieder auf die Katzenelnbogener Grafen, die die Festung errichte-

Mangels Brücken ist die Fähre das Hauptverkehrsmittel zwischen den beiden Rheinufern.

ten, um in Form von Rheinzöllen ihren Reichtum zu mehren.

Der Aufstieg in den Hunsrück bringt nach den behäbigen Rheinschleifen Feuer ins Fahrwerk. Die Zahnräder der unteren Gänge haben jede Menge zu tun, Bremsen und Kupplung ebenfalls. Ein paar letzte Serpentinen, dann ist bei Emmelshausen die Hochfläche des Hunsrücks erreicht. Hier oben weht nicht nur ein steiferer Wind als im milden Rheintal, auch Land und Leute erscheinen rauer, karger, einsamer. Kein Wunder, war doch der Hunsrück bis in die 1930er-Jahre Armeleuteland. Das änderte sich erst 1938/1939 mit dem Bau der Hunsrückhöhenstraße. Auf Befehl der Nazis als Aufmarschweg gegen Frankreich geplant, brachte die 140 Kilometer lange Trasse Arbeit, Geld und Besucher in den Hunsrück.

Bunte Winzerdörfer

In Emmelshausen kreuzen wir die Höhenstraße und steuern auf wenig befahrenem Bauernasphalt gegen Westen. Kleine Weiler verstecken sich hinter hohen Getreidefeldern und lassen noch etwas von der einstigen Abgeschiedenheit des Hunsrücks ahnen. Welch Gegensatz zum belebten Moseltal, das wir nach einem kurvenreichen Abstieg kurz darauf erreichen. Bunte Winzerdörfer zwischen prallen Rebenhängen, volle Fahrgastschiffe auf tiefblauem Wasser. In Burgen kehrt die Route der Mosel schon wieder den Rücken und wedelt schräglagengespickt hinauf nach Beltheim. Das Faszinierende an der Moselregion sind die vielen kurvenreichen Auf- und Abfahrten hinein in Hunsrück und Eifel. Deshalb machen wir in Beltheim gleich wieder kehrt, um auf forderndem, weil holperigem Belag den Rücksturz zur Mosel anzutreten.

Entlang der Mosel reiht sich ein bezauberndes Weinstädtchen an das andere.

In Treis-Karden bewachen die beiden mächtigen Burgen Treis und Wildfels die Zuflüsse von Flaum- und Wildbach in die Mosel. Der Ort war schon im Mittelalter ein bedeutender Brückenplatz und bekam deshalb im Zweiten Weltkrieg viele amerikanische Granaten ab. Wild zackend entfernt sich die Strecke am Lauf des Flaumbaches entlang von der Mosel. Eine Etappe für sportliche Maschinen mit gutem Fahrwerk, das den unebenen Belag gut wegstecken kann. Auf der Hunsrückhochfläche werden die oberen Gänge zugeschaltet, Rücken- und Gesäßmuskeln entspannen sich.

Architektonischer Glanz

Die Innenstadt von Simmern wird von Einbahnstraßen verteidigt, einen zentralen Parkplatz gibt es nicht. Man sucht deshalb am besten nahe der Fußgängerzone am Straßenrand ein Plätzchen fürs Bike und schlendert zwischen den Fachwerkhäusern hindurch, isst ein Eis oder zischt einen kurzen Schwarzen. Nächster Stopp in Rheinböllen. Das liegt nicht wie der Name vermuten lässt bereits am Rhein, sondern noch im Hunsrück. Architektonisches Glanzlicht ist der Puricelli-Stift. 1862 aus rotem Sandstein im neugotischen Stil errichtet, wurde er zunächst als Kranken- und Waisenhaus genutzt. Heute werden in der weitläufigen Anlage psychisch Kranke gepflegt.

Durch die weiten Nadelwälder des Soonwaldes zirkelt die Route bergauf und bergab Richtung Osten und erreicht das romantische Tal der Nahe mit seinen flankierenden Weinbergen. Die Stippvisite in Bad Kreuznach und seinem nicht nur beeindruckenden, sondern auch gesundheitsfördernden Gradierwerk ist ein Muss. Danach rollen wir zur Bingener Fähre und setzen über zurück nach Assmannshausen. ◄

TOUREN-STECKBRIEF

STRECKENLÄNGE
ca. 250 km

DAUER DER TOUR
Tagestour

HIGHLIGHTS
Bacharach mit seinen malerischen Fachwerkhäusern, ein Pausenstopp mit Aussicht in dem Café/Restaurant gegenüber der Loreley, die Bergstrecken hinab zur Mosel und wieder zurück in den Hunsrück, das gemütliche Bad Kreuznach mit seinem faszinierenden Gradierwerk im Kurpark, der Blick auf den Rhein bei Bingen.

CHARAKTERISTIK
Mittelschwere Tour, die kurvenreichen Auf- und Abstiege an Rhein und Mosel haben es ganz schön in sich. Sportliche Etappen wechseln ab mit gemütlichen Sightseeing-Strecken, für Einsteiger bestens geeignet.

Doppelburg Thurant bei Alken mit ihren beiden charakteristischen Türmen.

Rheingaugebirge und Taunus

Tour 3

Schloss Johannisberg (oben) und Rüdesheim (unten).

Dass das Wispertal, das wir bald nach dem Start hinter Lorch erreichen, ein optisches und fahrerisches Glanzlicht ist, hat sich längst herumgesprochen. Entsprechend dominieren an sonnigen Wochenenden die Einspurigen das Verkehrsgeschehen in dem 16 Kilometer langen Tal. Weil es einige übertreiben, wurde die Strecke von der Rennleitung mit einem Tempolimit von 60-km/h belegt. Egal – Laune macht diese Auftaktetappe auf jeden Fall. Uns so rollen wir beschwingt nach Bad Schwalbach hinein. Das Kurstädtchen im Taunus ist seit dem 16. Jahrhundert für seine Mineralquellen berühmt.

Kurvengeschlängel

Auf dem geschwungenen Asphalt der B 54 geht es nach Aarbergen, dort rechts ab und anschließend weiter durch ein wahres Kurvengeschlängel quer durch die Höhen und Tiefen des Taunus nach Taunusstein. Die Stadt entstand 1971 durch die Zusammenlegung mehrerer Ortschaften und besitzt als Wahrzeichen das prächtige Wehener Schloss im gleichnamigen Stadtteil. Schon viel länger gibt es Idstein, das wir zwölf gemächliche Kilometer später erreichen. Deshalb weist Idstein ein historisches Zentrum auf, in dem viele Sehenswürdigkeiten ins Auge stechen wie der Marktplatz, der Adolfplatz, der Schlossgarten, die Unionskirche, der Römerturm und das Killingerhaus. Perfekt für die erste große Pause.

TOUREN-STECKBRIEF

STRECKENLÄNGE
ca. 240 km

DAUER DER TOUR
Tagestour

HIGHLIGHTS
Fahrerisches und optisches Glanzlicht der Runde ist das Wispertal (auf das Tempolimit achten). Die Fachwerkstädtchen Bad Schwalbach und Idstein sind immer einen Bummel zu Fuß wert. Die „Rindsworscht" auf dem Großen Feldberg ist ein Muss, wegen der Stimmung und der Aussicht bis Frankfurt.

CHARAKTERISTIK
Mittelschwere Tour. Verläuft die erste Etappe entlang des Rheins noch relativ gemächlich, geht es im Wispertal und zwischen den Hügeln des Taunus in Sachen Schräglagen sportlich-deftig zur Sache.

Gipfelparkplatz

Man sollte sich allerdings noch einen kleinen Hunger aufheben. Denn der wird im Taunus traditionell mit einer „Rindsworscht" auf dem Großen Feldberg gestillt, den wir hinter Schmitten erklimmen. Dass der mit 879 Metern höchste Berg im Taunus einen Gipfelparkplatz besitzt, der sich zu Hessens

Der Bummel durch den malerischen Vorzeigeort Rüdesheim ist ein Muss.

bekanntestem Bikertreff entwickelte, ist ein glücklicher Umstand. So gibt es eigentlich keinen Tag im Jahr, an dem nicht eine mehr oder weniger große Zahl von Motorrädern auf dem Feldberg steht.

In die Landeshauptstadt

Eine nur geringfügig kleinere Anzahl von Schwüngen bringt uns talwärts und weiter über Niedernhausen in die hessische Landeshauptstadt Wiesbaden. Die ist nicht nur eine der hübschesten Hauptstädte, sondern mit 15 Thermalquellen auch eines der ältesten Kurbäder Europas. Am Rhein entlang geht es nach Eltville, von wo wir einen Schlenker hinauf zu Kloster Eberbach und zu Schloss Johannisberg machen. Dort oben auf den Höhen des Rheingaugebirges warten nicht nur einige der besten Weine des Rheingaus, sondern auch eine bezaubernde Aussicht auf Fluss und Reben. Anschließend kurven wir vorbei an der Abtei St. Hildegard nach Geisenheim und Rüdesheim. Dort ist der Sundowner zum Schluss dieser Tour am Rheinufer ein Muss. Wenn der Blick über das Weinglas hinüber zum Wasser und hoch zu den Weinbergen schweift, die letzten Sonnenstrahlen die Fachwerkhäuser golden färben, dann hat das schon was. ◀

Im majestätischen Kloster Johannisberg kann man heute übernachten.

HOTEL INFOS

UNSER BASISLAGER

Stellt euch vor, Ihr kommt nach einer langen, regenreichen Anfahrt ausgekühlt, müde und hungrig in eurem Hotel an. Das Gesäß schmerzt, der Rücken ist verspannt, der Schädel dröhnt vom Fahrtwind. Gäbe es da nichts Schöneres, als kurz zum Aufwärmen und Entspannen in die Sauna zu hüpfen, anschließend lecker zu Abend essen, ein gutes Glas Wein dazu zu trinken und danach zufrieden und glücklich auf dem heimeligen Zimmer ins weiche Himmelbett zu sinken? Bei Konrad Berg in Assmannshausen wird der Wunsch zur Wirklichkeit. Seit 40 Jahren betreibt der umgängliche Pfälzer sein historisches Hotel Alte Bauernschänke am Fuße der Weinberge des Rheingaus; vom Großvater in den 1920er-Jahren als Urlaubspension gegründet. „Mein Haus ist wie ein Strauß bunter Blumen", verrät Konrad Berg augenzwinkernd. „Gäste jeglicher Couleur sollen sich bei mir wohl fühlen – Wanderer, Radfahrer und Motorradfahrer ebenso wie Weinliebhaber, Gourmets oder Wellnessurlauber."

SPEZIELL FÜR MOTORRADFAHRER

Speziell für Wellnessfans richtete er vor sechs Jahren im Nebengebäude mit viel Stil und Geschmack einen urgemütlichen Wellnessbereich mit Saunen, Wannenbädern, Ruheraum und Dachterrasse ein. Für leuchtende Augen am Essenstisch sorgen hochwertige Zutaten aus der

Region und Wein vom eigenen Weinberg, weißer Riesling ebenso wie roter Spätburgunder. Konrad Bergs Faible für Traditionen zeigt sich auch in seinem Motorradfuhrpark, wo unter anderem eine BMW R 60 und ein rares EML-Gespann auf Basis einer BMW R 80 stehen. „Wenn ich im Hotel zu viel Stress habe", sagt der Chef, „setze ich mich für eine Stunde auf die R 60. Danach bin ich wieder vollkommen ruhig." Und so ist es kein Wunder, dass vor allem Genuss-Motorradfahrer zu ihm in die Alte Bauernschänke kommen. Preise: Einzelzimmer ab 65,00 Euro, Doppelzimmer ab 100,00 Euro.

HOTEL

Alte Bauernschänke
Niederwaldstr. 23, 65385 Assmannshausen
T (0 67 22) 4 99 90
www.altebauernschaenke.de
GPS 49.98824, 7.86746

Im Land der **tausend Berge**

Im Sauerland kann man sich auf dem Motorrad leicht schwindelig fahren, so viele Traumstrecken gibt es hier. Außerdem animieren unzählige hübsche Fachwerkstädtchen zur Kaffeepause. Wer genug besichtigt hat, fährt dann an eine der 20 romantischen Talsperren. Zusätzlich locken die idyllischen Sträßchen durch die größten zusammenhängenden Waldflächen Deutschlands. Und als Höhepunkt schraubt man sich auf den Kahlen Asten hinauf, den höchsten Punkt, den man hier mit dem Motorrad anfahren kann.

Auf der Etappe zwischen Hallenberg und Medelon warten jede Menge Kurven auf schräglagensüchtige Motorradfahrer.

TOUR 1

ROADBOOK

Basisort Hallenberg für alle drei Touren (GPS 51.11831, 8.61639)

Hallenberg, Hesborn, Medelon, Küstelberg, Wulmeringhausen, Tannenhof, Oberkirchen, Bad Berleburg, Wunderthausen, Hallenberg (ca. 150 km)

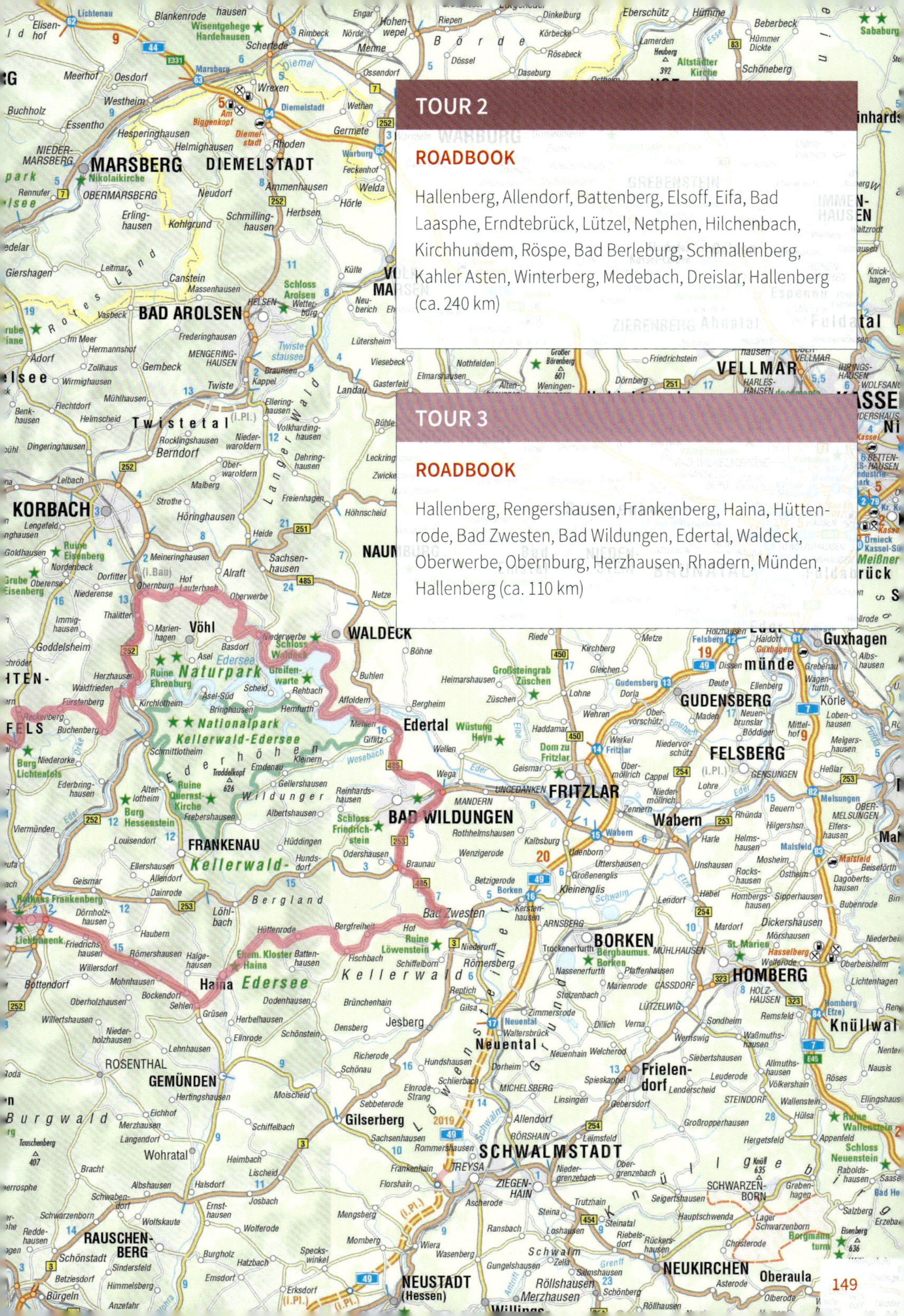

TOUR 2

ROADBOOK

Hallenberg, Allendorf, Battenberg, Elsoff, Eifa, Bad Laasphe, Erndtebrück, Lützel, Netphen, Hilchenbach, Kirchhundem, Röspe, Bad Berleburg, Schmallenberg, Kahler Asten, Winterberg, Medebach, Dreislar, Hallenberg (ca. 240 km)

TOUR 3

ROADBOOK

Hallenberg, Rengershausen, Frankenberg, Haina, Hüttenrode, Bad Zwesten, Bad Wildungen, Edertal, Waldeck, Oberwerbe, Obernburg, Herzhausen, Rhadern, Münden, Hallenberg (ca. 110 km)

Tour 1 Bei den Blaublütern

Startort dieser Halbtagestour, die sich perfekt nach dem Einchecken am Freitagnachmittag eignet, ist Hallenberg. Dessen Freilichtbühne mit ihrer 80 Meter breiten Spielfläche ist im ganzen Sauerland bekannt und sorgt von Juni bis September mehrmals pro Woche für Furore.

Die Etappe rund um Altastenberg bietet tolle Ausblicke.

So wie die erste Etappe der heutigen Tour. Nach einer kurzen Bundesstraßeneinlage zweigt sie rechts ab nach Medebach/Liesen. Und sofort bekommen Bremsen, Kupplung und Getriebe Arbeit. Zwischen Liesen und Hesborn schraubt sich die Fahrbahn in zackigen Kurven den 757 Meter hohen Bollerberg hinauf. Die Aussicht unterwegs kann sich sehen lassen, weit schweift der Blick über die Medebacher Bucht. Irgendwann gesellt sich die Orke hinzu und begleitet uns mit ihrem ruhig dahinfließenden Wasser bis Medelon, von wo wir, wenn Zeit ist, einen Abstecher nach Medebach riskieren können. Die 800 Jahre alte Stadt war einst Mitglied der Hanse, was sie noch heute mit ihrem prachtvollen historischen Zentrum unter Beweis stellt. Ein Spaziergang durch Medebach lohnt sich deshalb immer und führt vorbei an mächtigen Kirchen und hübschen Fachwerkhäusern.

Hübsches Dorf

Mit viel links, rechts, rauf und runter geht es anschließend über die Dörfer bis Niedersfeld, wo uns die Bundesstraße 480 aufnimmt. Endlich hat der Gasgriff eine kleine Pause. Assinghausen kommt in Sicht. Das kleine Dorf gelangte im Sauerland zu einiger Berühmtheit, als es 1989 im Wettbewerb „Unser Dorf soll schöner werden" die Bundes-Goldmedaille errang und hübschestes Dorf der Nation wurde. Das Bild ist aber auch zu idyllisch – schwarzweiße Häuser, umrahmt von dunklen Wäldern. In Assinghausen wurde übrigens der Heimatdichter Friedrich Grimme geboren, dem man gleich mehrere Denkmäler setzte.

Schmalster Asphalt führt hinter Wulmeringhausen nach Süden. Viele Kurven, kein Verkehr, ein Traum. In Siedlinghausen geht es um Neger und Namenlose. Politisch nicht korrekt? Aber sicher, denn die Namenlose ist ein Bach, der im Ort in den Fluss Neger mündet. Nahe Siedlinghausen baute Friedrich Leopold von Fürstenberg 1858 ein mondänes Jagdschloss, das leider im Jahr 1966 abgerissen wurde.

TOUREN-STECKBRIEF

STRECKENLÄNGE
ca. 150 km

DAUER DER TOUR
Halbtagestour

HIGHLIGHTS
Die alte Hansestadt Medebach gefällt mit ihren historischen Fachwerkhäusern und Kirchen. Assinghausen gilt als eines der schönsten Dörfer Deutschlands. Das Adelsschloss zu Sayn-Wittgenstein in Bad Berleburg ist das optische Glanzlicht der Tour, die schnelle Etappe von Oberkirchen nach Bad Berleburg das fahrerische.

CHARAKTERISTIK
Leichte Tour, für Anfänger der perfekte Einstieg ins Kurvenabenteuer Sauerland. Die Runde führt meist über gut ausgebaute Straßen, mal schmaler, mal breiter. Genügend Stopps, um sich etwas anzuschauen und die Beine zu vertreten, sorgen für Entschleunigung.

Weiter über Altastenberg und Westfeld nach Oberkirchen. Immer noch auf schmalem, windungsreichem Asphalt. Ab Oberkirchen wird die Fahrbahn zwar breiter, aber nicht weniger interessant: Sie krümmt sich in alle Richtungen und serviert Links-Rechts-Kombinationen am laufenden

Das im 13. Jahrhundert erbaute Schloss Berleburg ist Sitz der Familie zu Sayn-Wittgenstein.

Viel Gegend wird in dieser Region geboten.

Band. Unebenheiten im Belag fordern das Fahrwerk heraus, von wegen eintönige Bundesstraße.

Idyllischer Schlosspark

Das optische Highlight dieser Runde ist Bad Berleburg. Gemächlich rollen wir auf Kopfsteinpflaster zum Schloss in der Oberstadt hinauf. Die im 13. Jahrhundert erbaute Anlage ist Sitz der Familie zu Sayn-Wittgenstein und im Rahmen von Führungen zu besichtigen. Seit 750 Jahren wird das Schloss von der Familie bewohnt und erhielt dadurch seine spezielle „belebte" Atmosphäre. Das Schloss ist heute im Besitz von Richard zu Sayn-Wittgenstein-Berleburg. Unser Tipp: Ein Spaziergang durch Richards idyllischen Schlosspark mit Relaxen und Entenfüttern. Anschließend ein Bummel durch die Gassen der Altstadt mit ihrem enormen Angebot an Bistros und Cafés.

Hinter Bad Berleburg rechts ab Richtung Hallenberg. Schwungvoll kurvt das Landsträßchen zwischen den Hügeln dieses südlichen Teils des Rothaargebirges entlang und präsentiert zum Schluss der Etappe noch einmal ein Motorradvergnügen erster Sahne. ◂

Die hügelige Mittelgebirgslandschaft begeistert.

Naturpark Rothaargebirge

Das Rothaargebirge ist die höchste Region des Sauerlandes. Der Kahle Asten streckt seinen Gipfel 841 Meter hoch in den Himmel, Winterberg ist mit 770 Metern die höchst gelegene Stadt im Sauerland. Da drängt sich die Vermutung auf, dass es in diesem Gebiet eigentlich jede Menge motorradtaugliche Straßen geben müsste. Und das ist richtig.

Unsere Tour startet ab Hallenberg erst einmal gemächlich. Die Bundesstraße 236 stellt keine Anforderungen an Bike und Besatzung. Wir passieren Allendorf, rollen durch Battenberg, das Städtchen, das dem berühmten britischen Geschlecht Mountbatten seinen Namen gab, und legen uns anschließend in die gepflegten Kurven einer Landstraße, die durch den Luftkurort Dodenau nach Elsoff führt. Dort wird es ein wenig eng, denn die Fachwerkhäuser stehen in der ohnehin schon knappen Ortsdurchfahrt dicht an dicht und machen die Passage zur Gefühlssache. Hinter Hatzfeld breitet sich der Asphalt der B 253 vor uns aus, und nach einem Abstecher über

Tour 2

Biedenkopf lohnt wegen der Aussicht von der Burg (oben). Die Lützelschleife kann sich sehen lassen (unten).

Der Rhein-Weserturm bietet ein Restaurant für den Pausenstopp.

Biedenkopf rollen wir gemächlich in den Kneipp-Kurort Bad Laasphe ein. Besonderes Kennzeichen: Der Turm seiner evangelischen Pfarrkirche überragt den Fachwerkskern seiner Altstadt. Auch Bad Laasphe ist Stammsitz der Wittgensteiner; ihr Schloss steht hoch über der Stadt. Im 12. Jahrhundert wurde es errichtet und im 18. Jahrhundert der damaligen Mode folgend von der spartanischen Wehrburg zum komfortablen Wohnschloss umgebaut.

Schmallenberg ist eines dieser typischen Exemplare aus dem sauerländer Vorrat an hübschen Fachwerkstädtchen.

Hinter Bad Laasphe folgt die Route zunächst einige Kilometer dem Lauf der Lahn, verlässt den Fluss in Sassmannshausen und wedelt in unerwartet vielen Kurven hinüber nach Erndtebrück. Unerwartet, weil sich der Fahrspaß auf der Bundesstraße 62 abspielt. Tja, im Rothaargebirge macht sogar der staatseigene Asphalt Laune. Aber dieses Teilstück nach Erndtebrück ist nur der Appetitmacher. Die Hauptspeise folgt hinter Lützel und nennt sich Lützelschleife. Ein Name, bei dem jedem sauerländer Motorradfahrer das Wasser im Mund zusammenläuft. Auf griffigem Belag kringelt sich die B 62 in engen Kehren bergab nach Netphen. Eine Traumstrecke, etwa fünf Kilometer lang. Wir legen uns in die Kurven und achten dabei auf Haltung. Denn alleine ist man auf der Lützelschleife nie – überall stehen die Kollegen und bewerten Linie und Stil.

Endlose Wälder

Immer noch kurvenreich, aber deutlich gelassener geht es weiter Richtung Norden durch Hilchenbach nach Kirchhundem. Blinker rechts, den Schildern Bad Berleburg folgen. Oberhundem mit seinen hübschen Fachwerkhäusern kommt in Sicht, hinter dem Ortsschild heißt es: alle Antennen auf Empfang. Denn die nächsten fünf Kilometer haben es in sich, ein Feuerwerk von Kurven und Kehren wird auf uns abgeschossen. Sich schwindlig fahren, dieser Ausdruck passt hier genau. Am Rhein-Weser-Turm tanken wir ein paar Liter frische Luft und bewundern die Aussicht vom Turm auf die endlosen Wälder des Sauerlandes (der Montag ist hier übrigens Ruhetag). Danach kurven wir auf erst holperiger dann ebener Fahrbahn bergab und erreichen den hübschen Kneipp-Kurort Bad Berleburg. Danach befördert uns eine flotte, schwungvolle Etappe voller Schräglagen nach Schmallenberg. Der Ort ist ein weiteres Prachtexemplar aus dem fast unerschöpflichen sauerländer Vorrat an Fachwerkstädtchen, der Bummel zu Fuß deshalb ein Muss.

TOUREN-STECKBRIEF

STRECKENLÄNGE
ca. 240 km

DAUER DER TOUR
Tagestour

HIGHLIGHTS
Bad Berleburg und sein prächtiges Schloss (mit Restaurant), die fahrerisch anspruchsvolle Lützelschleife zwischen Lützel und Netphen, die Aussicht vom Rhein-Weser-Turm, Schmallenberg mit seinen unzähligen hübschen Fachwerkhäusern, der Kahle Asten mit seinem Aussichtsturm und seiner hochwertigen Gastronomie.

CHARAKTERISTIK
Mittelschwere Tour, die eine Portion Motorraderfahrung voraussetzt. Für Schräglagensammler ist sie eine gemähte Wiese und durchaus mit einer Tour in den Alpen vergleichbar. Kurven bis zum Abwinken.

Gar nicht kahl

Eine ruhige Zwischenetappe durch das Tal der Sorpe schließt sich an, dann eine Handvoll geschmeidiger Bögen bergauf, und schließlich ziehen wir in 841 Meter Höhe auf dem Parkplatz des Kahler Asten den Zündschlüssel ab. Erste Erkenntnis: Der Kahle Asten ist nicht kahl. Zweite Erkenntnis: Er ist gastronomisch perfekt erschlossen. Sein SB-Restaurant lässt keine Wünsche offen und überzeugt mit Qualität und einer bezaubernden Sonnenterrasse. So packen wir gut gestärkt die letzten Kilometer an, die uns durch das quirlige Sommer- und Wintersportzentrum Winterberg nach Medebach und wieder zurück nach Hallenberg führen. ◄

Der Kahle Asten verwöhnt uns mit ausgezeichneter Gastronomie und traumhafter Aussicht.

Zu Besuch bei Schneewittchen

Tour 3

Zentrum von Hallenberg (oben). Rathaus von Frankenberg (unten).

Vor dem Beginn unserer Sonntagstour ist erst mal ein Bummel zu Fuß durch den Startort angesagt. Das 1251 gegründete Hallenberg besitzt eine kleine, aber reizende historische Altstadt mit hübschen Fachwerkhäusern, von denen die meisten aus dem 18. Jahrhundert stammen.

Auf einem schmalen, verschlungenen Bauernsträßchen führt die Route aus Hallenberg hinaus Richtung Frankenberg. Griffiger Belag, wenig Verkehr, so macht das Spaß. Schnell ist Frankenberg erreicht, wo es sich ebenfalls lohnt, den Seitenständer des Bikes auszuklappen. Schmuckstück der schon in der Frankenzeit bekannten Stadt ist ihr spätgotisches Rathaus. Das Besondere an dem 1509 begonnenen Bau ist die integrierte Markthalle, die Ober- und Untermarkt miteinander verbindet. Die durch zahlreiche Erker und Vorkragungen aufgelockerte

Dachkonstruktion wird von zehn größeren und kleineren Spitztürmen gekrönt, die der Silhouette des Rathauses zu ihrer charakteristischen Wirkung verhelfen.

Goethes Maler

Entspannt geht es auf verkehrsarmen Landstraßen weiter Richtung Südosten, bis Haina und sein berühmtes Zisterzienserkloster auftauchen. Doch nicht nur die wunderschöne Klosteranlage ist einen Besuch wert. So lehnt an dem noch erhaltenen Teil der äußeren Mauer ein kleines weißgekalktes Fachwerkhäuschen, das Tischbeinhaus. Im 18. Jahrhundert wohnte hier der Schreiner des Klosters, dessen Sohn Johann Heinrich Wilhelm Tischbein das wohl berühmteste Bild des Dichters Goethe malte.

TOUREN-STECKBRIEF

STRECKENLÄNGE
ca. 110 km

DAUER DER TOUR
knappe Tagestour

HIGHLIGHTS
Hallenberg mit seinem bildhübschen historischen Kern, Frankenberg mit seinem reich verzierten spätgotischen Rathaus, Haina und sein prachtvolles Zisterzienserkloster, das Schneewittchendorf Bergfreiheit, Bad Wildungen mit seinen herrlichen Gebäuden aus der Belle Epoque, die Fahrt entlang am Ufer des Edersees.

CHARAKTERISTIK
Mittelschwere Tour, eine ausgezeichnete Mischung aus Sightseeing und Fahrspaß. Ob Sportler oder Genussfahrer, hier kommt jeder auf seine Kosten. Wegen der vielen Besichtigungsstopps sollte man genügend Zeit mitbringen.

Von Haina aus kurven wir locker weiter nach Osten und passieren das Schneewittchendorf Bergfreiheit. Es

Hügelige Strecke von Hallenberg nach Frankenberg.

Einen Abstecher an den Edersee ann man sich auch vom Sauerland aus erlauben.

heißt Schneewittchendorf, weil ein Forscher herausfand, dass Prinzessin Margaretha, eine Kurhessen-Waldeckische Grafentochter, die Ursprungsperson für das Märchen war. Sie erlag im Alter von 21 Jahren einem Giftanschlag. Weiterhin vermutet man, dass die kleinen Einzimmerhäuser der ersten Bergarbeiter von Bergfreiheit den Grimms als Vorbild für das Haus der sieben Zwerge dienten. Bei den Zwergen handelte es sich wahrscheinlich um Kinder, die wie damals üblich unter üblen Bedingungen unter Tage arbeiten mussten. Eines dieser nur 20 Quadratmeter kleinen Häuser wurde zum Schneewittchen-Museum eingerichtet.

Kurz hinter Bergfreiheit erreichen wir die Kurstadt Bad Wildungen. Um 800 zum ersten Mal urkundlich erwähnt, machte sie sich bereits im 14. Jahrhundert einen Namen als Heilbad. Im 17. Jahrhundert entwickelte sich ein bescheidener Badebetrieb, der ab 1880 einen gewaltigen Aufschwung erlebte, als Adlige und Wohlhabende aus ganz Europa nach Wildungen kamen.

Bogen nach Norden

Hinter Edertal beginnt ab Affoldern das Highlight des heutigen Tages – die optisch und fahrerisch äußerst reizvolle Fahrt entlang des Edersees. Die Uferstraße des zweitgrößten deutschen Stausees verwöhnt mit traumhaften Ausblicken auf das Wasser und herrlichen Kurvenkombinationen. Danach schlägt die Route einen Bogen nach Norden, durchquert das Lichtenfelser Land und läuft schließlich wieder in Hallenberg ein. ◀

HOTEL INFOS

UNSER BASISLAGER

Bei einer Sache ist sich Reinhard Womelsdorf ganz sicher: Rund um Hallenberg warten auf Motorradfahrer jeglicher Couleur die richtigen Straßen, ganz egal ob sie im Sattel eines Sportlers, Cruisers, einer Enduro oder einer Tourenmaschine sitzen. Er muss es wissen, schließlich hat der Chef des Landgasthauses Zum Wilden Zimmermann eine ganze Palette unterschiedlicher Maschinen in der Garage stehen. Seinen Namen hat das Haus von einem Vorfahren Reinhards, der es im Jahre 1902 ursprünglich als Zimmereibetrieb aufbaute. 1953 wurde das Haus in ein Hotel umfunktioniert, das Reinhard seit 1987 leitet. Mit der Modernisierung von Küche, Saal und Sanitär erfolgte 2000 die letzte große Umbaumaßnahme.

Als Sauerland-Spezialist hat der Chef 20 Routen ausgearbeitet, die er seinen Gästen zum selber Nachfahren oder als geführte Tour anbietet. Darüber hinaus hält er gesicherte Unterstellmöglichkeiten sowie eine Wasch- und Reparaturmöglichkeit für die Bikes bereit und einen Trockenraum für die Klamotten. Falls die Kette quietscht, stehen Schmierstoffe und Öle bereit, wer unterwegs stehen bleibt, wird zurückgeholt. Für das Wichtigste, nämlich für exzellentes Essen, sorgt Reinhards Gattin Kati. Die gelernte Köchin ist eine wahre Zauberin am Herd und bereitet alle Gerichte aus regionalen Zutaten selbst zu.

SPEZIELL FÜR MOTORRADFAHRER

Wer ein paar Tage bleiben will, hat die Auswahl unter mehreren Biker-Pauschalen. Zum Beispiel dem Biker's Weekend von Freitag bis Sonntag für 134,00 Euro pro Person im Doppelzimmer (mit Halbpension). Die Biker's Week dauert von Sonntag bis Freitag und kostet pro Person im Doppelzimmer 249,00 Euro (Halbpension). Für 319,00 Euro (pro Person im Doppelzimmer mit Halbpension) heißt es „Sicher in die Saison". Man bekommt dafür zwei Fahrtage plus einen Tag Sicherheitstraining. **Preise:** ab 45,00 Euro p. Person (18 DZ/ÜF, 4 EZ/ÜF.)

LANDGASTHAUS

Zum Wilden Zimmermann
Nuhnestraße 25, 59969 Hallenberg
T (0 29 84) 82 21
www.sauerland-powerland.com
GPS 51.11831, 8.61639

Sauerland ist Brauerland

Von den über 1200 Braustätten in ganz Deutschland, die über 5000 verschiedene Sorten Bier herstellen, findet man im Sauerland bekannte Namen wie Veltins, Krombacher und Warsteiner. Das Sauerland mit seinen traditionsreichen Brauereien steht heute mit fast zehn Millionen Hektolitern an der Spitze aller Pils-Brauer. Und das aus gutem Grund: Die waldreiche Region verfügt über eines der besten Brauwasser überhaupt. Klima und geologische Besonderheiten sorgen dafür, dass dem Brauwasser kontinuierlich immer die gleichen Bodenmineralien zugeführt werden.

Früher galt Bierbrauen als Frauensache. Dies lag daran, dass sie den Hof hüteteten, während die Männer für die Arbeit oft wochenlang unterwegs waren. Erst kurz vor der ersten Jahrtausendwende begannen Mönche, sich in ihren Klöstern intensiv mit der Kunst des Brauens zu beschäftigen.

Braukessel der Warsteiner Brauerei.

Ein Grund dafür ist auch darin zu suchen, dass die Mönche ein wohlschmeckendes Getränk suchten, das die während des Fastens sehr kargen Mahlzeiten nahrhaft ergänzte. Es galt der Satz: „Liquida non frangunt ieunum", auf Deutsch: Flüssiges bricht das Fasten nicht. Bier war also immer erlaubt!

Abfüllanlage der Warsteiner Brauerei.

Doch Bier wurde nicht nur für den eigenen Gebrauch hergestellt. Viele Klöster entwickelten sich zu wahren Wirtschaftsbetrieben.

Wichtiger Handelszweig

Gegen eine Gebühr konnten die Mönche ihr Bier gewerblich vertreiben. 1040 wurde dem ältesten, heute noch bestehenden bayerischen Kloster Weihenstephan vom Freisinger Bischof das Brau- und Schankrecht verliehen. In den aufblühenden Städten des Mittelalters, wo man nicht auf das Bier verzichten wollte, entwickelte sich das Bierbrauen zu einem richtigen Handwerkszweig.

Aufgrund der immer höher werdenden Nachfrage brauten die Gastwirte im Sauerland nicht nur für ihre Schankstuben, sondern auch fassweise zum Verkauf. Schon 1587 bestellte der Koch des Kurfürsten Ernst von Köln für seine Herrschaft Bier aus dem Sauerland. So entstanden im Laufe des 18. Jahrhunderts mehr und mehr selbständige Brauereien. 1717 wurden in Calle die Land- und Gastwirte Molitor und Mische genannt. Beide besaßen die Braurechte. Für 1775 ist die Löwenbrauerei zu Arnsberg urkundlich erwähnt. Im Nachbarort Oeventrop wurde am 16. März 1786 die Berens'sche Hausbrauerei gegründet. ◂

Warsteiner Bierflaschen von 1953 bis 2017.

Wälder und **Bollenhüte**

Feldberg, Schauinsland, Kandel, Schwarzwald-Hochstraße oder Schwarzwald-Tälerstraße – jedem Motorradfahrer läuft bei diesen klangvollen Namen das Wasser im Mund zusammen. Und das zu Recht, denn der Schwarzwald ist der ganz große Klassiker unter den deutschen Mittelgebirgen.

In der Gruppe macht die Ausfahrt noch viel mehr Spaß.

TOUR 1

ROADBOOK

Basisort Bad Wildbad für alle drei Touren (GPS 48.75187, 8.55162)

Bad Wildbad, Aichelberg, Oberreichenbach, Zavelstein, Bad Teinach, Hirsau, Calw, Gültlingen, Sulz, Jettingen, Ebhausen, Altensteig, Seewald, Enzklösterle, Sprollenhaus, Bad Wildbad (ca. 100 km)

TOUR 2

ROADBOOK

Bad Wildbad, Enzklösterle, Besenfeld, Freudenstadt, Loßburg, Dornhan, Oberndorf, Sulgen, Königsfeld, Niedereschach, Dauchingen, Villingen, Vöhrenbach, Furtwangen, Triberg, St. Georgen, Tennenbronn, Hornberg, Hausach, Wolfach, Schiltach, Alpirsbach, Baiersbronn, Forbach, Hilpertsau, Bad Wildbad (ca. 350 km)

TOUR 3

ROADBOOK

Bad Wildbad, Bad Herrenalb, Gernsbach, Baden-Baden, Bühlerhöhe, Bühl, Achern, Kappelrodeck, Obertal, Baiersbronn, Rot, Seewald, Erzgrube, Altensteig, Enklösterle, Bad Wildbad (ca. 170 km)

HOTEL
GAGGENAU
BAD HERRENALB
GERNSBACH
BADEN-BADEN
BAD WILDBAD im Schwarzwald
BAD LIEBENZELL
CALW
BÜHL
ACHERN
Forbach
NEUBULACH
WILDBERG
ALTENSTEIG
NAGOLD
Kappelrodeck
OBERKIRCH
Klosterreichenbach
Baiersbronn
HAITERBACH
Pfalzgrafenweiler
OPPENAU
Waldachtal
DORNSTETTEN
HORB am Neckar
Bad Peterstal-Griesbach
Loßburg
ALPIRSBACH
DORNHAN
SULZ a. Neckar
HAIGER
WOLFACH
SCHILTACH
HAUSACH
HASLACH im Kinzigtal
OBERNDORF am Neckar
ROSENFELD
GEISLINGEN
Aichhalden
HORNBERG
SCHRAMBERG
Dunningen
Tennenbronn
ELZACH
ROTTWEIL
TRIBERG i.Schwarzw.
ST. GEORGEN
Königsfeld im Schw.
Niedereschach
Deißlingen
FURTWANGEN i.Schwarzwald
VÖHRENBACH
VILLINGEN-
-SCHWENNINGEN
TROSSINGEN
SPAICHINGEN
Schwarzwald

Schwarzwald-Bäderstraße

Tour 1

Bad Wildbad (oben) und das Palais Thermal-Bad in Wildbad (unten).

Schwarzwald-Bäderstraße? Wer denkt da nicht gleich an AOK, Rheuma und Bandscheibenvorfall? Etwas für Leute jenseits der Sechzig. Falsch gedacht. Ganz falsch! Die Schwarzwald-Bäderstraße hat es nämlich ganz schön in sich. Sie wartet mit einer perfekten Mischung aus Motorrad-, Landschafts- und Körpergenuss auf. Tagsüber stramm Motorrad fahren, den Schwarzwald genießen und abends relaxen – so lautet das verschriebene Rezept.

Geheiltes Wildschwein

Start in Bad Wildbad. Der Sage nach soll ein angeschossener Eber seine Wunde in einer Heilquelle gewaschen haben und danach gesundet sein. Seine Jäger beobachteten das Ganze und waren so verblüfft, dass sie das Tier laufen ließen. Sie erzählten zu Hause von der Begebenheit und legten damit den Grundstein für die Entwicklung des Ortes zum Kurbad.

Thermal entspannt beginnt auch unsere Tour. Ein reizvolles verkehrsarmes Sträßchen führt vom Tal der Großen Enz hinaus nach Aichelberg, Agenbach und Oberreichenbach und bringt uns zum ersten Highlight des Nachmittags, nach Zavelstein. Man parkt das Bike am besten vor dem Eingang zum historischen Kern und spaziert zu Fuß die einzige gepflasterte Gasse entlang. 600 Jahre lang war Zavelstein die kleinste Stadt Württembergs – seit ihr 1367 Graf Eberhard die Stadtrechte verlieh. Bis heute ist Zavelstein ein Kleinod geblieben. Vom Massentourismus verschont, thront es wie ein Adlerhorst 170 Meter über Bad Teinach und beobachtet den dortigen Kurbetrieb.

Gesundes Wasser

Nach dem Bummel legen wir die Maschine in eine Handvoll Kehren bergab, kommen durch Hirsau mit seinem tollen Kloster und rollen ein paar Minuten später durch das Zentrum des Kurstädtchens Bad Teinach. Aber was heißt schon Zentrum? Bad Teinach ist klein, eher familiär als mondän und hat so ganz und gar nicht diesen Kurgeruch nach Nerz und Mercedes. Unser Tipp: Zur Trinkhalle im Kurhaus gehen und dort für zwei Euro Gläserpfand so viel Mineralwasser trinken wie man möchte. Gesundheit!

Nun geht es erst zurück nach Oberreichenbach, dann dort rechts ab nach Calw. Und schon wieder heißt es, Zündung aus, Helm ab. Grund Eins: die malerischen Gassen und Fachwerkhäuser der Geburtsstadt Hermann Hesses. Grund zwei: die vielleicht beste Schwarzwälder Kirschtorte überhaupt im Café am Markt (alternativ dazu das Brauhaus, Auf dem Bühl 1).

TOUREN-STECKBRIEF

STRECKENLÄNGE
ca. 100 km

DAUER DER TOLUR
Halbtagestour

HIGHLIGHTS
Ein Bummel zu Fuß durch die wunderhübschen Stadtkerne von Bad Wildbad, Zavelstein, Bad Teinach und Calw. Nahezu jedes Kurstädtchen bietet im Kurzentrum gegen kleines Geld frisches Mineralwasser direkt aus der Quelle an. Literaturliebhaber sollten sich das Hesse-Haus am Marktplatz von Calw nicht entgehen lassen.

CHARAKTERISTIK
Leichte Tour, nichts für Schräglagensammler, dafür ein großartiges Erlebnis für Anhänger des genussvollen Motorradfahrens. Optisch und fahrerisch ein guter Einstieg in die Motorradregion Schwarzwald.

Calw ist die Heimat von Hermann Hesse.

Die Mönchhofsägemühle ist Kulturdenkmal (oben). Die einladende Fußgängerzone von Calw (unten).

Interessanterweise ignorierten seine Mitbürger den hier 1877 geborenen Dichter Hesse lange Zeit. Einer der „tagsüber nicht viel tat“ und nachts sonderbare Bücher schrieb, war den Schwaben suspekt. Erst nachdem Hesse 1946 den Literatur-Nobelpreis erhalten hatte, ließ man ihm die verdiente Anerkennung zukommen.

Ein kurzes Stück folgt die Route nun dem Lauf der Nagold, um sich dann über Gültlingen und Sulz hinauf nach Ober- und Unterjettingen zu schwingen. Runter ins Nagoldtal, gleich wieder hinauf nach Ebhausen und weiter nach Altensteig. Dessen Stadtansicht sei eine der schönsten im Schwarzwald, heißt es. Und das ist nicht übertrieben. Dicht an dicht stehen die Fachwerkhäuser am steilen Nagoldufer. In Enzlösterle erreichen wir zum Schluss das Tal der Großen Enz und lassen die Runde in den lang gezogenen Bögen der Uferstraße ausrollen. ◄

Große Schwarzwaldrunde

Tour 2

Knackige Bergstrecken, lauschige Flusstäler, reizende Fachwerkstädte – die große Runde durch den mittleren und nördlichen Schwarzwald ist das Musterbeispiel einer abwechslungsreichen Motorradtour. Gleich zu Beginn der Runde rollen die Räder unseres Bikes eines dieser lauschigen Flusstäler entlang, mit denen der Schwarzwald so reich gesegnet ist. Sprollenhaus, Enzklösterle, Besenfeld. Parallel zur gut ausgebauten Fahrbahn gluckert die Große Enz, dichter Tannenwald hüllt die Straße ein wie Geschenkpapier. Vor Besenfeld nimmt uns die B 294 mit ihrem gepflegten Asphalt mit, der Geruch von Bäumen, Farn, Moos und Waldboden streicht durch die Nase.

Mit einem Rekord kann Freudenstadt aufwarten – sein Marktplatz ist der größte in Deutschland. Deshalb ist der Stopp in der 1601 als Bollwerk gegen die Franzosen gegründeten Stadt ein absolutes Muss. Gesäumt wird der Marktplatz von wunderschönen Arkaden, unter denen man schon damals gemütlich bummeln oder wie es hieß „im Truckenen gehen" konnte.

Närrisches Dorf

Saubere runde Kurven bringen uns von Freudenstadt über Land nach Oberndorf an den Neckar. 1250 mit Stadtrechten ausgestattet, gilt das närrische Oberndorf als Hochburg der alemannischen Fasnet. Locker schwingt die Route danach über Waldmössingen hinüber nach Sulgen und auf ruhigem Bauernasphalt weiter nach Königsfeld, das für sein ausgesprochen gesundes Heilklima

Stadthaus am Marktplatz in Freudenstadt (oben).

Auch die weltgrößte Kukucksuhr befindet sich im Schwarzwald.

berühmt ist. Den nächsten Ort Niedereschach kennt man wegen ganz anderer Dinge – hier sitzt der Motorrad-Zubehörhersteller Touratech. Wer noch irgendein Anbauteil fürs Bike braucht, wird in Niedereschach bestimmt fündig.

Nächster Stopp Villingen. Die eine Hälfte der 1972 mit Schwenningen vereinten Doppelstadt gefällt mit pittoresken Gassen und Fachwerkhäusern und wird vom imposanten Münster überragt. Weiter Richtung Furtwangen. Die Maschine legt sich lässig in weite, lang gezogene Kurven. Ab Unterkirnach wird es dann spannend: Zügig kurven wir bergauf zur Friedrichshöhe, dann in erstklassigen Kehren hinab nach Vöhrenbach und gelangen schließlich nach Furtwangen. Unser Tipp: Dort bereitet das hypermoderne Deutsche Uhrenmuseum dem Technikfan eine Menge Spaß.

Noch mehr Spaß machen allerdings die folgenden Kilometer nach Triberg. Gut ausgebaut schlängelt sich die B 500 in übersichtlichen Kehren bergauf. Die Radien reichen von weit bis eng, Schräglagen ohne Ende. Der Skiort Schönwald kommt in Sicht, dahinter geht das Kurvensammeln in gleichem Maße weiter. Da kommt in Triberg der lohnenswerte Spaziergang zum berühmten Wasserfall gerade recht.

Heimat schicker Uhren

Ausgeruht? Prima, denn die B 33 nach St. Georgen steht der 500er in nichts nach und serviert Kurven- und Kehrenkombinationen am laufenden Band. Das hat schon fast Rennstreckencharakter. Gut, dass das idyllisch an einem Bachlauf entlangführende Sträßchen nach Schramberg zur ruhigeren Sorte gehört. In der Heimat der Junghans-Uhren wurden Mitte des 19. Jahrhunderts zum ersten Mal in Deutschland Uhren nach amerikanischem Vorbild in Massenproduktion hergestellt.

Seit 1971 steht die Altstadt von Schiltach als Ensemble unter Denkmalschutz.

Ziemlich ungenau müssen die Uhren in Hornberg gegangen sein, das wir kurz darauf erreichen. Im 16. Jahrhundert erwartete man dort eines Tages den Herzog von Württemberg. Dummerweise hielt man die Staubwolke einer Viehherde für die des herzöglichen Trosses und verfeuerte die gesamt Salutmunition. Als der Herzog später ankam, herrschte Stille. Der Herzog war sauer, die Hornberger blamiert.

Bekannte Brauerei

Vorbei am Freilichtmuseum Vogtsbauernhöfe rollen die Räder über Gutach und Hausach nach Wolfach. Das Städtchen am gleichnamigen Fluss gehört zu den sympathischsten im Schwarzwald. Eine gepflasterte Durchfahrt, ein Stadttor, eine Brücke, bunte Häuser, viele Straßencafés. In weit gezogenen Bögen folgt die Straße danach dem Lauf der Kinzig über Schiltach nach Alpirsbach mit seiner bekannter Brauerei.

Loßburg fliegt vorüber, dann geht es hinein nach Baiersbronn, der mit 190 Quadratkilometern flächenmäßig größten Gemeinde Deutschlands. Wie wäre es jetzt mit einer kurzen Einkehr? Dann im stimmungsvollen Waldknechtshof in Klosterreichenbach. Das folgende Murgtal entpuppt sich als optischer Traum aus dunkelgrünen Fichten, Tannen und glucksendem Wasser. Balsam für Geist und Seele. Es riecht nach frisch geschnittenen Holzbrettern. In Forbach bewundern wir die aus dem Jahr 1778 stammende überdachte Holzbrücke über die Murg und rollen gemütlich weiter nach Hilpertsau. Dort heißt es nochmals: den Lenker fest an den Griffen packen und den Hintern zusammenkneifen. Denn der Schlussspurt hinüber nach Sprollenhaus ist ein würdiger Abschluss dieser kernigen Motorradtour: Perfekter Belag, saubere Kurven, gute Übersicht, Schräglage auf Schräglage. Aufgepasst: Irgendwann wird die Fahrbahndecke holperig, Teerflicken pflastern die Straße. Deutlich ruhiger verläuft die anschließende Abfahrt von Kaltenbronn nach Sprollenhaus, danach rollen wir bequem zurück nach Bad Wildbad. ◂

TOUREN-STECKBRIEF

STRECKENLÄNGE
ca. 350 km

DAUER DER TOUR
lange Tagestour

HIGHLIGHTS
Freudenstadt und sein von Arkaden gesäumter großer Marktplatz, die historische Altstadt von Villingen mit ihren Fachwerkhäusern, der Triberger Wasserfall, Schramberg und die Firma Junghans, das idyllische Wolfach, Alpirsbach mit Kloster und Brauerei, die sportliche Kurvenetappe von Triberg nach St. Georgen.

CHARAKTERISTIK
Mittelschwere Tour mit Anspruch. Sie zieht sich ganz schön in die Länge und verlangt Stehvermögen. Dafür belohnt sie mit einer traumhaften Kombination aus Fahrspaß, Sportlichkeit und Landschaftsgenuss. Etwas für verwöhnte Alpinisten.

Tour 3 Nördlicher Schwarzwald

Er ist bekannt für seine tief eingeschnittenen Täler, der Nordschwarzwald. Murg, Enz, Nagold und wie die Flüsse alle heißen, die sie verursachen. Die Folge für uns Motorradfahrer: Es wimmelt in dieser Region geradezu von steilen Auf- und Abstiegen, die es mit so mancher Alpenstrecke locker aufnehmen können.

Blick auf Sasbachwalden (oben) und die berühmte Torte (unten).

Finden die ersten Kilometer hinter Bad Wildbad entlang der Enz noch relativ gemütlich statt, sollten ab Höfen die Knie guten Kontakt zum Tank haben. Denn ein wenig befahrenes Landsträßchen wirbelt bergauf am rechten Rand eines Tales Richtung Bad Herrenalb in den Wald hinein. In Dobel ein kurzer Blick auf die Höhen des Nordschwarzwaldes, dann rollen wir nach Bad Herrenalb hinein. Der freundliche Kurort entstand als Klostergründung der Zisterzienser und ist bekannt für seine gute Luft. Bioklima heißt das Zauberwort und bedeutet, dass die Luft schadstofffrei und immer in Bewegung ist. Am besten atmet sie sich draußen auf den Stühlen des Café König in Kombination mit Kaffee und Kuchen ein.

180-Grad-Kehren

Zu viele Kohlenhydrate sollten es allerdings nicht sein, denn die nächste Etappe nach Gernsbach wird einer der genialsten Abschnitte der heutigen Tour. Kurven ohne Ende, weite Ausblicke, wunderschöne Landschaft. Auf dem letzten Stück haben sich sogar ein paar astreine 180-Grad-Kehren eingeschmuggelt. Die Ortsdurchfahrt von Gernsbach unterbricht den Kurvenrausch nur kurz, danach geht es im Geschlängel der Bergstraße Richtung Baden-Baden wieder richtig zur Sache. Geboten werden Kurven, Kehren, Schräglagen – ein Traum. Vorbei an Schloss Eberstein, von dessen Ter-

TOUREN-STECKBRIEF

STRECKENLÄNGE
ca. 170 km

DAUER DER TOUR
knappe Tagestour

HIGHLIGHTS
Der Kaffeestopp im Café König in Bad Herrenalb, ein ausgiebiger Bummel durch das faszinierende Baden-Baden, eine Stippvisite beim Schlosshotel Bühler Höhe, ein Abschluss-Drink im gut besuchten Bikertreff Seeheiner an der Nagold-Talsperre, die sensationelle Kurvenstrecke von Bad Herrenalb nach Gernsbach.

CHARAKTERISTIK
Leichte Tour, die es aber in Sachen Schräglagen ganz schon in sich hat. Anfänger und Spezialisten werden sich auf der kurzen, aber intensiven Runde gleichermaßen wohl fühlen. Insgesamt harmonisch zu fahren.

Gemächlich geht es zu in Sasbachwalden.

Das imposante Kurhaus von Baden-Baden.

rassencafé sich ein hübscher Blick ins Tal bietet.

Kurz darauf ist Baden-Baden erreicht. Die Einfahrt durch den Stadttunnel ist nicht gerade prickelnd, der anschließende Bummel durch die Mutter aller deutschen Kurstädte umso mehr. Schnell ist man von der lockeren Atmosphäre angesteckt, spaziert durch die Grünanlagen, trinkt in der Fußgängerzone einen Cappuccino und rollt tiefenentspannt wieder Richtung Schwarzwald-Höhenstraße aus Baden-Baden hinaus.

Nobel-Hotel

Die gepflegten runden Bögen der B 500 sind jetzt genau das Richtige. Rechter Hand fliegt das Schlosshotel Bühler Höhe vorbei. 1914 erbaut, wurde es 1986 vom Industriellen Max Grundig für 180 Millionen D-Mark in eines der nobelsten Hotels Deutschlands verwandelt.

Ein Stück hinter dem Hotel Blinker rechts und hinab ins Rheintal. Jetzt folgt die Sightseeing-Etappe der Tour. Auf Nebenstraßen kurvt sie am Westhang des Schwarzwaldes entlang und gibt schöne Blicke auf Obst- und Rebenhänge frei. Hinter Kappelrodeck ist dann wieder vorbei mit gemütlich. Zackig erklimmt die Fahrbahn die Schwarzwaldhöhen, quert die B 500 und wedelt in einer nicht enden wollenden Serie von Kurven hinab nach Baiersbronn. Beim Örtchen Erzgrube zischen wir im legendären Bikertreff Seeheiner noch irgendetwas Kaltes und Alkoholfreies, bevor wir die letzte ruhige Etappe über Altensteig zurück nach Bad Wildbad unter die Räder nehmen. ◄

HOTEL INFOS

UNSER BASISLAGER

Von Späteinsteigern unter den Motorradfahrern sagt man ja gerne, sie seien besonders begeistert und motiviert bei der Sache. Werner Kirchhoff ist ein solcher Späteinsteiger und ein Paradebeispiel für Schwung und Elan. Seit er seinen Führerschein besitzt, kommen im Jahr mal ganz schnell 10000 bis 12000 Kilometer zusammen. Und das auf Sträßchen in zwei ganz unterschiedlichen Regionen – dem Schwarzwald und der mecklenburgischen Ostseeküste. Wie kommt's? Der gebürtige Freiburger und Wahl-Hamburger besitzt schon seit vielen Jahren das Altstadt Hotel Zur Post in Stralsund und erkundet von dort aus im Sattel seiner BMW F 800 GS gerne die Ostsee-Inseln. Vor ein paar Jahren kam das Aparthotel Schwarzwald Panorama in Bad Wildbad dazu, und inzwischen ist Werner auch im Kurvenlabyrinth des Schwarzwaldes zu Hause.

SPEZIELL FÜR MOTORRADFAHRER

Werner Kirchhoffs Begeisterung fürs Motorradfahren bekommen seine Gäste auf Anhieb zu spüren. In beiden Häusern sind abgeschlossene Garage, Trockenraum und Schrauberecke Standard. Tourentipps und Lunchpaket gehören ebenso zum Service wie die Möglichkeit, das Bike in einer Fachwerkstatt checken zu lassen, dazu gibt es einen Vespergutschein im Motorradtreff Seeheiner (Schwarzwald) oder einen Besuch im Ozeaneum (Stralsund). Unter dem Namen „Biker Special Flex" bieten beide Häuser ab 55 Euro bzw. 45 Euro pro

Person im Doppelzimmer eine Übernachtung mit Halbpension an. Terminwahl und Aufenthaltsdauer sind frei bestimmbar. Wer an einer organisierten Tour teilnehmen will, wählt aus zwischen der Start-of-Season-Tour im Frühjahr, der Stralsund-Rügen-Tour im Juni, der Alpen-Tour im September oder der End-of-Season-Tour im Herbst.

HOTEL

Aparthotel Schwarzwald Panorama
Ein Unternehmen des Altstadt Hotels Zur Post Stralsund
Uhlandstr. 40, 75323 Bad Wildbad
T (038 31) 200 500
www.hotel-schwarzwald-panorama.de
www.basecamp-ostsee.de
Unter diesem Markenzeichen vereinigt sich das Engagement zum Ausbau des Motorradtourismus der beiden Häuser an der Ostsee und im Schwarzwald.
GPS 48.75187, 8.55162

Heimat **des Lügenbarons**

Er schwindelte, dass sich die Balken bogen. Baron von Münchhausen wurde in Bodenwerder an der Weser geboren. Mögen seine Geschichten auch erlogen sein – dass man in seiner Heimat ausgezeichnet Motorrad fahren kann, entspricht der Wahrheit. Das Weserbergland erhebt sich links und rechts des Flusses zwischen Hannoversch Münden im Süden und Porta Westfalica im Norden. Geradeaus ist dort ein Fremdwort, es sei denn, man legt mal einen Erholungskilometer entlang der Weser ein. Denn echte Geraden gibt es hier nicht – ungelogen!

Kurvenspaß statt gibt es häufig im Weserbergland.

HAMELN
Coppenbrügge
Salzhemmendorf
Aerzen
Kirchohsen
Emmerthal
LEMGO
Dörentrup
Extertal
BARNTRUP
BAD PYRMONT
DETMOLD
BLOMBERG
LÜGDE
BODENWERDER
ESCHERSHAUSEN
SCHIEDER-SCHWALENBERG
HORN-BAD MEINBERG
STEINHEIM
STADTOLDENDORF
HOTEL
HOLZMINDEN
NIEHEIM
Marienmünster
HÖXTER
Boffzen
Schlangen
Altenbeken
BAD DRIBURG
BRAKEL
BEVERUNGEN
USLAR
Bodenfelde
Wahlsburg
Lauenförde
BAD KARLSHAFEN
WILLEBADESSEN
BORGENTREICH
TRENDELBURG
Reinhardshagen
HOFGEISMAR
LIEBENAU
WARBURG
MARSBERG
DIEMELSTADT
GREBENSTEIN
IMMENHAUSEN
Breuna
VOLKMARSEN
Calden
HANN. MÜNDEN
BAD AROLSEN
Espenau
ZIERENBERG
Ahnatal
Fuldatal
VELLMAR
Staufenberg
Naturpark Weserbergland
Naturpark Solling-Vogler
Eggegebirge
Südlicher Teutoburger Wald
Warburger Börde
Oberweser
Solling
Vogler
Reinhardswald
Bramwald
Lippischer Wald

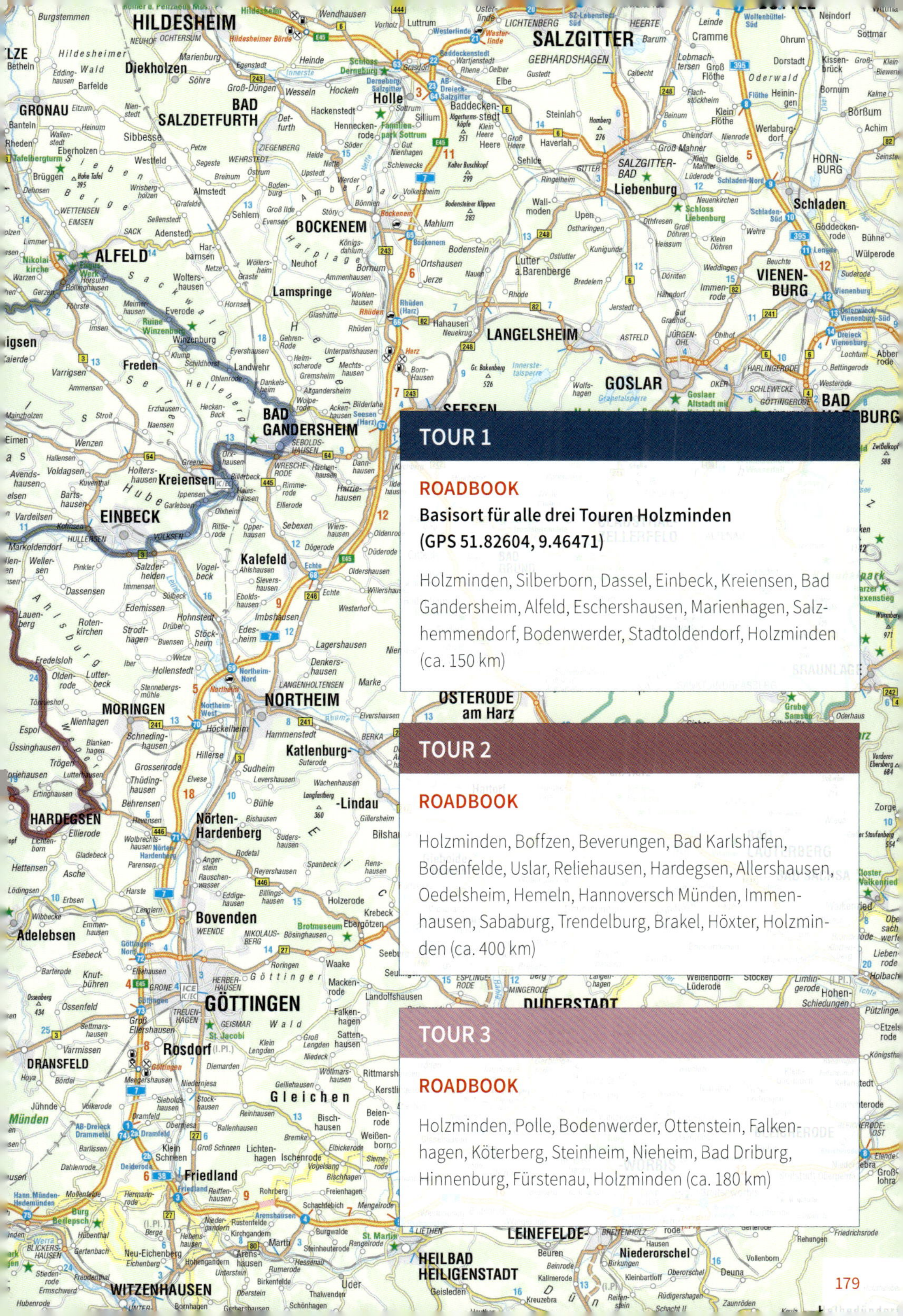

TOUR 1

ROADBOOK

Basisort für alle drei Touren Holzminden (GPS 51.82604, 9.46471)

Holzminden, Silberborn, Dassel, Einbeck, Kreiensen, Bad Gandersheim, Alfeld, Eschershausen, Marienhagen, Salzhemmendorf, Bodenwerder, Stadtoldendorf, Holzminden (ca. 150 km)

TOUR 2

ROADBOOK

Holzminden, Boffzen, Beverungen, Bad Karlshafen, Bodenfelde, Uslar, Reliehausen, Hardegsen, Allershausen, Oedelsheim, Hemeln, Hannoversch Münden, Immenhausen, Sababurg, Trendelburg, Brakel, Höxter, Holzminden (ca. 400 km)

TOUR 3

ROADBOOK

Holzminden, Polle, Bodenwerder, Ottenstein, Falkenhagen, Köterberg, Steinheim, Nieheim, Bad Driburg, Hinnenburg, Fürstenau, Holzminden (ca. 180 km)

Zwischen Weser und Leine

Tour 1

Fahrspaß an der Weser (oben) und durch den Solling (unten).

Um es gleich vorwegzunehmen – ein einziges Wochenende ist für eine so vielschichtige, abwechslungsreiche und sagenumwobene Region wie das Weserbergland zu wenig. So viele Geschichten und Geschehnisse, so viele Traditionen und Brauchtümer, so viele Märchen und Sagen finden wir in kaum einer anderen deutschen Landschaft. Jeder Ort und jede Stadt haben ihre eigene faszinierende Vergangenheit, hinter den Mauern eines jeden Schlosses verbergen sich gut gehütete Geheimnisse. Wer dann noch die vielen schräglagentauglichen Motorradkilometer unter die Räder nehmen will, ist im Weserbergland schnell mal zwei Wochen beschäftigt.

Egal – für den Anfang tun es auch Freitag, Samstag, Sonntag. Unsere Freitagstour führt uns von Holzminden erst einmal in den Solling hinein. Nur wenige Straßen durchziehen diesen waldreichen Höhenzug, doch die haben es in sich. Schon die ersten Kilometer hinauf nach Silberborn geben einen Vorgeschmack auf das Kommende. Vorbei am Hochseilgarten Tree Rock mit seinen 83 Kletterstationen für die ganze Familie steuern wir Dassel an. In dessen Ortsteil Lüthorst verbrachte der Dichter Wilhelm Busch ab 1846 seine Jugend und besuchte dort auch als Erwachsener immer wieder das Haus seines Onkels, Pastor Georg Kleine.

TOUREN-STECKBRIEF

STRECKENLÄNGE
ca. 150 km

DAUER DER TOUR
Halbtages- bis Tagestour

HIGHLIGHTS
Ein Stadtbummel durch das hübsche Holzminden, die Stadt der Düfte und Aromen. Ein Besuch in dem einmaligen Ambiente des PS.Speichers in Einbeck. Das Fagus-Werk in Alfeld sollten sich nicht nur Designfans ansehen. Die Strecke von Bad Gandersheim nach Alfeld macht mächtig Laune.

CHARAKTERISTIK
Leichte Tour, abwechslungsreiche Streckenführung. Die vielen kleinen Sträßchen im Solling gefallen durch moderaten Verkehr, viele Kurven und gutem Belag. Eine Tour wie geschaffen für Motorradanfänger.

Pflichtstopp PS.Speicher

Ein Dutzend Kilometer weiter kommt der erste Pflichtstopp – in Einbeck präsentiert der PS.Speicher auf rund 25000 Quadratmetern Fläche 350 historische Motorräder und Autos. Und das nicht als Museum im klassischen Sinn, sondern in Form einer Erlebnisausstellung, die den Besucher in einem sanierten ehemaligen Kornhaus abwechslungsreich, informativ und ohne belehrend zu sein durch alle Epochen und Entwicklungsphasen der motorisierten Historie führt. So gibt es eine Straßenszene aus den Goldenen Zwanzigern, eine Milchbar aus den 1950ern und einen Discobesuch während der wilden 1970er-Jahre.

Der PS Speicher Einbeck ist äußerst sehenswert.

Der historische Marktplatz von Alfeld an der Leine.

Für ein kurzes Stück halten wir die Maschine wortwörtlich an der Leine, verlassen deren Flusstal und rollen nach Bad Gandersheim hinein. Das nach der Dichterin Roswitha von Gandersheim auch „Roswithastadt" genannte Soleheilbad glänzt nach umfangreichen Sanierungsarbeiten während der 1990er-Jahre mit einer sehens- und besuchenswerten historischen Innenstadt. Das älteste Fachwerkhaus, der Bracken, stammt aus dem Jahr 1473.

Auf den Höhenlagen östlich der Leine geht es anschließend auf verschlungenem Bauernasphalt Richtung Nordwesten. Das Ortsschild von Alfeld flitzt vorbei, und jetzt dürfen sich Designliebhaber auf einiges gefasst machen: Im Jahr 1911 errichtete dort der Architekt und Bauhausgründer Walter Gropius das Werk der Schuhleistenfabrik Fagus. Mit seiner herausragenden Architektur aus Stahl und Glas gelang es Gropius, einem mittelständischen Betrieb ein völlig ungewohntes, vom Traditionellen abweichendes Erscheindungsbild zu geben. Heute ist das mit seinen rechten Winkeln und Glasfronten typische Bauhausgebäude ein lebendes Denkmal und wurde von der UNESCO zum Welterbe erhoben. Das Besucherzentrum ist täglich von 10 bis 16 Uhr geöffnet.

Gesundes Salz

Schnell ist auf gut ausgebauten und bauhausmäßig schnörkellosen Landsträßchen Eschershausen erreicht, dort zweigt die Route auf die überraschend kurvenreiche Bundesstraße 240 ab und erreicht das unweit der alten Reichsstraße Eins liegende Salzhemmendorf, wo es, wie der Name schon sagt, genau wie in Bad Gandersheim ums gesunde Salz geht. Wer es ausprobieren möchte: Die Ith-Sole-Therme ist täglich von 8 bis 22 Uhr geöffnet. In Bodenwerder begleitet die Route kurz die Weser, stürmt die Kehren hinauf in den Naturpark Vogler, um hinter Stadtoldendorf die letzten Kilometer zurück nach Holzminden gemächlich auslaufen zu lassen. ◄

Der Münchhausenbrunnen steht im Zentrum von Bodenwerder.

Links und rechts der Weser

Unsere Samstagstour, die man gut und gerne als Vorzeigetour für das Weserbergland bezeichnen könnte, beginnt mit einem gemächlichen Auftakt: Entspannt legen wir uns und die Maschine in die weiten Bögen der Uferstraße entlang der Weser. Deren Wasser ist mal näher, mal weiter weg. Riechen kann man es immer. Südlich von Boffzen, in Fürstenberg, hat die gleichnamige Porzellanmanufaktur ihren Sitz. Der kurze Halt lohnt sich nicht nur wegen des wirklich wunderschönen Porzellans, das dort von Hand gefertigt wird, sondern auch wegen des Schlosscafés und der bezaubernden Aussicht auf die Weserniederungen.

Lauenförde, Beverungen folgen, dann bietet sich in Bad Karlshafen der nächste Stopp an. An der Mündung der Diemel in die Weser entstand hier um 1700 eine Zuflucht für hugenottische Glaubenflüchtlinge aus Frankreich. Die „weiße Barockstadt im

Tour 2

Die letzen Meter der Fulda in Hann. Münden (oben). Weserfähre in Hemeln (unten).

Sehenswerte Innenstadt von Hannoversch Münden.

Grünen" besitzt ein hübsches Zentrum mit im Karree erbauten Häusern, einen historischen Hafen, den aussichtsreichen „Skywalk"-Pfad und eine wunderschöne Thermal-Solequelle, die sich für eine feuchte, gesunde Pause abseits des Motorradsattels anbietet.

Eine Handvoll weiterer behäbiger Flusskilometer folgen, danach ist vorbei mit gemütlich – die Kurven und Kehren des Solling fordern die gesamte Konzentration. Sozusagen das Tor zum Solling bildet das hübsche Städtchen Uslar, wo wir von Eddys Bikergrill und Bikers Point Fuchs gleich zweimal magnetisch angezogen werden.

Auffahrt auf die Weserfähre bei Oedelsheim.

Der folgende Rundschlag durch den Solling ist für Fahrwerk, Bremsen und Getriebe eine echte Herausforderung. Kaum eine Gerade, die Kurven fallen Schlag auf Schlag. Ab Hardegsen gibt es ein paar Verschnaufkilometer auf bundeseigenem Asphalt, danach ist wieder der Tanz der Schräglagen angesagt.

Prämiertes Ensemble

Die Weser taucht auf, die Schlagzahl verringert sich. Puuuh, das war angestrengend. Da kommt die Pause im Biergarten des Gasthauses Zur Fähre in Hemeln genau richtig. Wegen seiner idyllischen Lage direkt am Fähranleger hat sich das Lokal zum beliebten Motorradtreff gemausert und ist an schönen Tagen ständig von Einspurigen belagert. Danach Lust auf ein paar Meter zu Fuß? Dafür bietet sich die Altstadt des ein Stück weseraufwärts gelegenen Hannoversch Münden an. Dessen rund 700 Fachwerkhäuser am Zusammenfluss von Werra und Fulda stehend gelten als Deutschlands schönstes Fachwerkensemble.

Wem nach so viel Kultur und Romantik allmählich die Gashand juckt, der kann beruhigt sein – die folgende Etappe von Immenhausen nach Borgentreich gehört zum Besten, was man als Motorradfahrer vors Vorderrad bekommen kann. Schräglagen ohne Ende, wenig Verkehr, gute Übersicht, griffiger Belag. Reinhardswald nennt sich diese Region. Ein Name, den man sich merken muss. Zweimal sollte man die Kurverei unterbrechen und anhalten. Zum ersten Mal an der Sababurg. In dieser Burg soll sich das Märchen um Dornrößchen abgespielt haben. Ihr wisst schon: Prinzessin, böse Fee, Dauerschlaf, Dornenhecke, Prinz, wachgeküsst. Die tödlichen Dornen sind herrlichen Rosen gewichen, und die Belegschaft schläft nicht mehr, sondern empfängt heute Gäste. Zu verdanken haben wir diese der Familie Koseck, die 1957 die verfallene Burg wiedererweckt hat. Halt Nummer Zwei findet an der Trendelburg statt, deren Anlage mit ihrem Dicken Turm und dem gleichnamigen Ort ein reizvolles Gesamtkunstwerk ergibt.

Die Schlussetappe entpuppt sich als angenehme Mischung aus fahraktiver und entspannter Strecke. Landsträßchen wechseln sich ab mit Bundesstraßen, dichte Wälder spenden dazu die passende Atmosphäre. Nicht versäumen sollte man einen letzten Stopp im mittelalterlichen Höxter und einen Kurzbesuch der vom Stadtrand aus über eine prächtige Allee zu erreichenden Abtei Corvey. ◀

TOUREN-STECKBRIEF

STRECKENLÄNGE
ca. 400 km

DAUER DER TOUR
lange Tagestour

HIGHLIGHTS
Die Porzellanmanufaktur Fürstenberg, das malerische Bad Karlshafen, Bikertreff Gasthaus Zur Fähre in Hemeln, Hannoversch Münden mit seinen 700 Fachwerkhäusern, die flotte Kurvenetappe zwischen Immenhausen und Borgentreich, das romantische Dornrößchenschloss Sababurg, die alte ehrwürdige Abtei Corvey.

CHARAKTERISTIK
Mittelschwere Tour, verlangt wegen ihre Länge und ihrer vielen Kurven eine gehörige Portion Kondition und Konzentration. Anfänger sollten öfters eine Pause einlegen, sonst geraten die Schräglagen durcheinander.

Das Schloß Corvey bei Höxter ist UNESCO-Weltkulturerbe.

Zwischen Weser und Lippe

Tour 3

Auf unserer Sonntagstour treffen wir nun endlich den Lügenbaron persönlich. Und zwar in Bodenwerder an der Weser. Vorher werfen wir in Polle einen Blick auf die einzigartige Gierseilfähre, die die Strömung der Weser ausnutzt und mittels zweier an einem über den Fluss gespannten Tau befestigter Seile ihren Anstellwinkel ändert und so ohne Motor in beide Richtungen fahren kann.

Talentierter Erzähler

Dann aber Bodenwerder. In dem schmucken Städtchen an der Weser wurde 1720 Carl Friedrich Freiherr von Münchhausen geboren. Dort lenkte er bis zum Tod im Jahr 1797 sein Gut und machte sich einen Namen als talentierter Geschichtenerzähler. Schloss Münchhausen ist heute das Rathaus von Bodenwerder. In einem Nebengebäude des Guts wurde ein Münchhausen-Museum einge-

Bodenwerder liegt idyllisch an der Weser (oben u. r. Seite) und huldigt ihrem Lügenbaron (rechts).

richtet, sein halbes Pferd schmückt auf dem Gelände des Museums einen Brunnen.

Nicht bei Münchhausens Lügengeschichten, sondern beim Motorradfahren sollte man den Kopf auf der nächsten Etappe haben. Kurz hinter Bodenwerder zweigt ein Bergsträßchen nach links ab und kurvt geschmeidig in die Hügel westlich der Weser hinein. Wenig Verkehr, viel Fahrspaß, klasse Kurven. Daraus hätte der fabulierende Freiherr sicher eine unglaubliche Motorradstory gemacht.

Historischer Treffpunkt

Bei Falkenhagen geht es ein kurzes Stück geradeaus, dann hageln wieder die Schräglagen. Und zwar während der Auffahrt zum bekanntesten Motorradtreff im Weserbergland, dem Köterberg. Nachdem bereits im 18. Jahrhundert die weite Rundsicht von dem knapp 500 Meter hohen Berg erwähnt wurde, rief man 1927 den Köterberghaus-Verein ins Leben und erstellte drei Jahre später den jetzigen Berggasthof.

Da die Pächterfamilie Brandt selbst Motorrad fährt, sind Biker dort oben

TOUREN-STECKBRIEF

STRECKENLÄNGE
ca. 180 km

DAUER DER TOUR
knappe Tagestour

HIGHLIGHTS
Die interessante Gierseilfähre in Polle sollte man sich genauer ansehen. Bodenwerder ist nicht nur für Geschichtenerzähler ein Muss. Der Treff auf dem Köterberg verbreitet Motorradfeeling pur (bitte wegen der Anwohner langsam durch den Ort fahren). Ein Spaziergang durch den wunderschönen Gräflichen Park von Bad Driburg lohnt sich immer.

CHARAKTERISTIK
Leichte Tour mit sportlichem Touch. Nicht nur die Überquerung des Köterbergs, sondern auch die restliche Runde auf überwiegend schmalen Landstraßen macht Kurvensüchtigen viel Spaß. Anfänger wissen abends, was sie geleistet haben.

Die weite Rundsicht von dem knapp 500 Meter hohen Köterberg wurde schon im 18. Jahrhundert erwähnt.

gern gesehene Gäste. Die entspannte Haltung der Brandts überträgt sich auf die Zweiradler, schwere Unfälle oder Streckensperrungen sind kein Thema. Die Brandts bitten allerdings darum, zur Schonung der Nerven der Einwohner im Ort Köterberg dort nur mit Halbgas durchzurollen.

Die B 239 befördert uns auf ihrer gut ausgebauten Fahrbahn am Wasserschloss Thienhausen vorbei zügig nach Steinheim. Weiter auf der B 252 nach Nieheim, ab dort über Land auf verschlungenem Asphalt nach Bad Driburg. Glanzstück des Kurortes ist sein Gräflicher Park, ein englischer Landschaftsgarten mit einer Größe von 27 Hektar. Wer sich hier die Füße vertreten will, ist hier goldrichtig. Denn danach laufen die anschließenden Kilometer der Schlussetappe auf kleinen Landstraßen zurück zum Ausgangsort Holzminden umso lockerer von der Hand. ◀

Der Berggasthof auf dem Köterberg ist der bekannteste Bikertreff im Weserbergland.

HOTEL INFOS

UNSER BASISLAGER

Seit 1756 ist das Hotel im Familienbesitz. Stammt das malerische Hauptgebäude mit seiner Fachwerkfassade noch aus dieser Zeit, befinden sich sämtliche Zimmer in den 2009 bzw. 2013 vollständig renovierten modernen Nebengebäuden. Neben Komfort und Gemütlichkeit legt der Chef bei den Zimmern vor allem Wert auf Ruhe. Und die bekommt der Gast garantiert, da das Hotel ausgesprochen ruhig liegt und man weder von Autos, Zügen noch von Hotelfahrstühlen gestört wird. Hinter dem Haus plätschert beruhigend die Dürre Holzminden und erzählt von Zeiten, in denen sich an ihrem Ufer die ersten Schmieden, Mühlen und Leinenmanufakturen niederließen.

SPEZIELL FÜR MOTORRADFAHRER

„Bei uns“, so lautet das Credo von Carsten-Thomas Dauer, „bekommt Ihr als Motorradfahrer volle Aufmerksamkeit“. Das hören wir gerne. Denn nicht immer hält in der Gastronomie der Zusatz „motorradfreundlich“, was er verspricht. In Holzminden ist das Gott sei Dank anders. Denn der Chef vom Hellers Krug fährt selbst seit 1994 Motorrad und weiß deshalb, was seine zweiradfahrenden Gäste erwarten. So hält er Visiertücher, Visierreiniger und Kettenspray ebenso bereit wie Eimer und Lappen für die kleine Wäsche nach der Fahrt. Sollte die regenfeucht verlaufen sein, kommen die Klamotten in den Trockenraum, für die Maschine gibt es Tücher zum Abtrocknen. Danach parkt sie sicher auf dem nicht einsehbaren asphaltierten Platz hinter dem Haus. Ist der Gast zum ersten Mal im Weserbergland unterwegs, steht ihm Carsten mit Tipps und Karten zur Seite und verrät ihm seine Favoriten wie den Köterberg, den Schiedsee, Kloster Corvey oder das Motorradmuseum in Wickensen.

Preise: Einzelzimmer ab 69,00 Euro, Doppelzimmer ab 89,00 Euro (jeweils mit Frühstück).

HOTEL

Hotel Hellers Krug
Altendorfer Str. 19, 37603 Holzminden
T (0 55 31) 20 01
www.hellerskrug.de
GPS 51.82604, 9.46471

1. Auflage Januar 2018 | © 2018 | Alle Rechte vorbehalten.

HERAUSGEBER

TVV Touristik-Verlag GmbH | Werner Henschel Str. 2 | D-34233 Fuldatal-Ihringshausen
Tel.: +49 (0) 561/400 85 - 0 | Fax: +49 (0) 561/400 85 - 21
info@bikerbetten.de | www.bikerbetten.de

Vertretungsberechtigter Geschäftsführer: Peter Schmitz
Registergericht: Kassel | Registernummer: 13254
Umsatzsteuer-Identifikationsnummer gemäß § 27 a Umsatzsteuergesetz: DE813611060

in Zusammenarbeit mit
Highlights-Verlag | Harasim und Schempp GbR | Ringstr. 11 | 53881 Euskirchen
Tel.: +49 (0) 22 51/74 76 - 0 | info@highlights-verlag.de | www.highlights-verlag.de

REDAKTION Martin Schempp

FOTOS Stefan Baldauf / SB-Medien (53) – Alte Bauernschänke (3 x 145) – Beim Holzschnitzer (4 x 51) – CREARE Imagos (116, 2 x 120, 121, 2 x 122, 2 x 123, 2 x 124, 2 x 125, 126, 2 x 127, 2 x 128, 129, 2 x 130, 3 x 131, 162, 166, 167, 2 x 168, 169, 2 x 175) – Hans Michael Engelke (38, 42, 43, 44, 45, 52, 64, 2 x 74, 75, 2 x 80, 91, 98) – Fichtenhäusel (3 x 67) – Miriam Fuchs (94) – Hahnenklee-Tourismus (93) – Sylva Harasim (2, 42, 44, 46, 2 x 47, 2 x 48, 49, 2 x 50, 54, 58, 59, 2 x 60, 61, 62, 63, 64, 65, 66, 132, 2 x136, 2 x 137, 138, 139, 140, 141, 2 x 142, 143, 144, 146, 150, 2 x 153, 2 x 154, 155, 156, 157) – Harzer Tourismusverband (90, 92) – Hellers Krug (4 x 189) – Robert Kah / Nürburgring (53) – Franz Kirchhoff (166, 2 x 170, 2 x 172, 173, 174) – Juergen Meusel (95) – Moppedfoto (150, 152) – Frank Sachau (84, 88, 89, 91, 94, 95, 96, 97, 98) – Peter Schmitz (180, 181, 2 x 182, 2 x 183, 2 x 184, 185, 186, 187, 2 x 188) – Tanja Schmitz (111, 176, 180, 186) – Stubenberg (3 x 99) – Peter Wahl (4, 6, 10, 11, 12, 3 x 13, 14, 2 x 15, 16, 17, 2 x 18, 19, 2 x 20, 2 x 21, 2 x 26, 27, 28, 2 x 29, 30, 31, 32, 33, 2 x 34, 35, 36, 3 x 37, 68, 72, 73, 76, 2 x 77, 2 x 78, 2 x 79, 81, 2 x 82, 3 x 83, 100, 104, 105, 2 x 106, 107, 108, 2 x 110, 112, 2 x 113, 2 x 114, 3 x 115, 151, 156, 158) – Warsteiner Brauerei (160, 2 x 161), Zum Wilden Zimmermann (1 x 152, 159)

UMSCHLAGGESTALTUNG TVV Touristik-Verlag GmbH

KARTENBASIS © Kunth Verlag GmbH & Co. KG

ROUTEN Martin Schempp

PRODUKTION MoTourMedia, Wuppertal

LEKTORAT Text-o-Pix, Wuppertal

DRUCK UND WEITERVERARBEITUNG Silber Druck oHG, 34266 Niestetal

Die GPS-Daten gibt es zum kostenlosen Download auf **bikerbetten.de**

ISBN 978-3-937063-50-8 **WWW.BIKERBETTEN.DE**